En primera línea

PENÍNSULA REALIDAD

En primera línea

Gabriel Heras

Un testimonio desde la UCI de la crisis del coronavirus

ediciones península

Primera edición: junio de 2020
Segunda edición: junio de 2020

Ediciones Península,
Diagonal 662-664
08034 Barcelona
edicionespeninsula@planeta.es
www.edicionespeninsula.com

PAPYRO - fotocomposición
DEPÓSITO LEGAL: B. 9.921-2020
ISBN: 978-84-9942-931-1

ÍNDICE

A Carla, a Mara y a Ruth. Las tres personas
que me sostienen en mi bendita locura.
Y para todos los que, de una manera o de otra,
hemos sido víctimas.

I

LA GUARDIA

Solo recuerdo una guardia peor que esta.

Por entonces yo acababa de terminar la residencia y trabajaba de adjunto en un hospital del sur de Madrid. Era un médico tierno y sin experiencia, y estaba agotado después de veinticuatro horas infernales en las que me tocó encadenar pacientes con los problemas más insospechados. A las siete de la mañana ya vislumbraba la meta y fantaseaba con encontrarme con mi cama, cuando me llamaron para que atendiera a un paciente hospitalizado en la planta de maxilofacial, que presentaba complicaciones serias con una traqueostomía, una incisión en la tráquea realizada para garantizar la permeabilidad de la vía aérea.

—Ven ya que se para —me anunció la enfermera al otro lado del teléfono.

Salí corriendo, y cuando llegué a la habitación me encontré con un hombre tumbado en el suelo y un gigantesco surtidor de sangre saliéndole de la garganta. A su alrededor se había congregado un buen grupo de enfermeras que intentaban ayudarle, pero la sangre brotaba con tal potencia que regaba toda la habitación, formando un charco en el que iba a resbalar cada persona que entrara alertada por los gritos.

Al ver a toda aquella gente por el suelo y con los pijamas teñidos de rojo no sé cómo no salí corriendo en dirección contraria. Pero los años de clase y entrenamiento surtieron efecto: el juramento hipocrático debió desencadenar algún acto reflejo y me lancé sobre la vía aérea del paciente sin pensarlo demasiado. Mientras permanecía arrodillado sobre su cuello, comprimiéndole la arteria carótida, él me miraba a los ojos con la expresión de terror más intensa que se pueda imaginar. Pedí a gritos que viniera un cirujano, pero fue inútil, y el paciente terminó de desangrarse en mis manos.

Una rabia amarga me llenó la boca mientras resoplaba agotado por el esfuerzo. Todos los presentes en la habitación nos quedamos en completo silencio, destrozados por el momento que acabábamos de vivir. Pero, por si la pesadilla no había sido completa, fui yo el encargado de contactar con sus familiares. Aquel hombre debía recibir el alta ese mismo día. El plan era que, tras aquella última noche en observación, sus parientes vinieran a buscarlo al hospital para llevarlo a casa, felices de haber terminado con aquella pesadilla hospitalaria. En lugar de eso, recibieron una llamada el sábado apenas pasadas las siete de la mañana.

—Vengan para acá, por favor. Su familiar ha empeorado mucho —recuerdo que les dije, intentando prepararlos para lo que se iban a encontrar al llegar al hospital.

Doce años después de aquella guardia funesta quiero pensar que han cambiado muchas cosas en mi vida. Soy un profesional más curtido, con vivencias enriquecedoras a mis espaldas. También en lo personal me he endurecido. He perdido a personas queridas y sufrí una crisis de estrés laboral de la que me sobrepuse pensando en la necesidad de mejorar nuestro sistema sanitario. He luchado por ello y he logrado avances que aplico cada día en la UCI de un hospital madrileño en el que trabajo. Sin embargo, en estos momentos todos esos progresos se están hundiendo. Todo. Un sistema que ya era frágil ha quedado arrasado por un virus que hasta hace un mes parecía solo un meme encerrado en nuestros teléfonos. La experiencia profesional adquirida desde la peor guardia de mi vida parece que se la ha llevado la lluvia. Dudo. No me siento un médico, sino un tipo disfrazado con unas gafas de buceo y un traje de plástico. Miro a mi alrededor y veo a mis compañeros hundidos, llorando bajo la mordaza de sus mascarillas.

Quizás me estoy pasando de negativo, quizás solo sea esta guardia horrible, que me hace perder la perspectiva. Hoy es miércoles 25 de marzo de 2020, sigo en el hospital y tengo una tos persistente: la peor noticia durante una epidemia.

He empezado el turno a las ocho de la mañana, y a esa hora ya no quedan camas libres. Las dieciséis de la UCI están completas, todas con pacientes infectados por coronavirus. La sala de reanimación que la semana pasada reconvertimos en una segunda unidad de críticos también está completa. Son doce camas más, todas con casos de coronavirus. Hemos necesitado transformar la sala del antequirófano en un tercer espacio de UCI, y allí hemos metido a los únicos cinco pacientes sin SARS-CoV2 que tenemos en cuidados intensivos.

Nos faltan manos, corremos de un lado a otro sin tiempo para comer o ir al lavabo. Para hacer mejor el seguimiento de los pacientes nos repartimos por salas: yo trabajo en la unidad de reanimación que hemos organizado como una nueva UCI, un gran espacio cuadrado lleno de camas de pacientes sin más separación que paneles de medio centímetro de grosor. En el centro de la habitación está colocado el control de enfermería con los ordenadores y el material sanitario, todo expuesto al virus. Un virus que se transmite por el aire.

Paso el día intentando trasladar a los pacientes más graves a un hospital de mayor tamaño. Allí disponen del equipamiento imprescindible para el tratamiento que requieren, pero además necesito liberar esas camas para ingresar a pacientes que están en planta de mi hospital y cuya condición empeora a pasos agigantados. No lo consigo, así que no sé muy bien cómo solucionar este déficit de plazas.

En el hospital se comienza a discutir la posibilidad de improvisar una cuarta unidad de cuidados intensivos en la sala de cirugía mayor ambulatoria. Recorro el pasillo que lleva hasta ella y empujo las puertas abatibles para echar un vistazo. Es un espacio enorme pero vacío, en el que ahora mismo se acumulan materiales de repuesto.

Suspiro resignado. Esa estancia deslavazada, concebida para acoger durante unas pocas horas a pacientes ambulatorios que acuden al hospital a intervenciones menores, está a punto de convertirse en otra ampliación de lo que un día fue una UCI modélica. Y tiene que ocurrir justamente en mi turno. Rápidamente comenzamos a instalar un ventilador médico traído de la sala de hemodinámica, otro del quirófano y otro par de ventiladores italianos que aparecen por ahí y no hemos manejado jamás. Con retales de aquí y de allá se va montando una infraestructura suficiente para atender a cuatro pacientes más.

¿Cómo podemos celebrar que hemos conseguido montar en tiempo récord un hospital de campaña? Muy fácil: llenándolo. A toda prisa me ocupo de trasladar al enfermo cuya insuficiencia respiratoria ha ocasionado la apertura de la nueva sala; mientras estoy en ello, una compañera me anuncia que un paciente en planta ha llegado al punto en que resulta imprescindible la ventilación mecánica; y casi al unísono recibimos otra llamada anunciándonos que un tercero viene en camino desde urgencias.

Los tres saturan al 60 % y necesitan ser intubados de inmediato para no morir. La medicina intensiva es un ejercicio coreográfico que se basa en que todo el mundo conozca perfectamente su posición y sus atribuciones para moverse muy deprisa en momentos de gravedad extrema. Este es uno de esos momentos, pero no estamos cómodos con la sala ni con el equipo y, lo peor de todo es que no tenemos más personal especializado. En la UCI original se han quedado cuatro intensivistas ocupándose de los dieciséis pacientes más veteranos, y en la UCI de emergencia nos encontramos tres para los veinte que van llegando en los últimos días. Se nos suman varios médicos y enfermeras de otras especialidades, salvadores providenciales, pero que necesitan que les vayamos dando instrucciones mientras intentamos que los pacientes no se asfixien. Intubar a alguien a la carrera es complicado, y no solo porque implique meter un tubo por la tráquea de una persona infectada de un virus altamente contagioso, sino porque al mismo tiempo hay que inyectar analgesia, sedantes y relajantes, todo ello con unas gafas empañadas de vaho y unos trajes de protección que constriñen los movimientos.

En el momento en que parecemos a punto de naufragar, los compañeros de la UCI aparecen de la nada y nos echan una mano. Salvamos el bache, pero no podemos detenernos a descansar pese a que estamos empapados en sudor y sin aliento. Ponemos boca abajo a los pacientes para que sus pulmones se llenen de aire. Les cogemos vías, sondas, hacemos su historia clínica y les recetamos un tratamiento de urgencia. Aún no hemos terminado con los tres nuevos y ya suena el busca otra vez, avisándonos de que debemos ir a planta para evaluar a más pacientes.

Son las doce del mediodía y ahora sí que se nos acaba el margen. De las dieciséis camas originales hemos pasado a treinta y seis. Eso significa que estamos trabajando al 230 % de nuestra capacidad. Una compañera y yo cruzamos la mirada: ha ocurrido lo que más temíamos. Estamos a punto de tocar fondo. Hoy no hay posibilidad de traslados a otros hospitales, y solo nos queda una cama libre. En planta están apoyándonos como pueden y aguantan a los enfermos más graves aplicándoles oxígeno a dosis máxima con mascarillas, pero en cualquier momento se volverá necesario ingresar a uno de ellos en la UCI. Y si esa última cama se ocupa, habrá que reevaluar la situación de los treinta y seis ingresados y sus probabilidades de sobrevivir, preparándonos para la posible llegada de un paciente, al que no podemos dejar en la estacada.

Viendo acercarse ese escabroso momento, empezamos a revisarnos las historias clínicas de los enfermos. Sin embargo, a medida que pasan las horas, la presión parece disminuir, aunque no de la forma que hubiéramos deseado. Dos pacientes amenazan con dejar su cama libre o, lo que es lo mismo, se disponen a morir.

Llamo por teléfono a la familia de uno de ellos:

—Si os queréis despedir de vuestro padre es mejor que vengáis ya, porque ha empeorado.

Son dos hermanos. Hasta ahora no han venido al hospital. Viven en la otra punta de Madrid pero la distancia no es el problema, sino que ella se encuentra en el tercer trimestre de embarazo y él tiene una enfermedad respiratoria. Les preocupa que el virus les afecte. El virus que impregna cada milímetro de esta sala, el cuerpo de su padre, y también me impregna a mí. Casi pueden escucharlo en mi voz a través del teléfono.

—Si hacemos las cosas bien, nadie se va a infectar —intento tranquilizarlos—. Os ponéis un equipo de protección individual, entráis a ver a vuestro padre, le dais la mano y os despedís. Luego os enseñamos cómo desinfectaros y os marcháis a casa. Entiendo que es poco, pero es la última vez que lo vais a ver.

Noto la resistencia al otro lado del teléfono. El miedo es muy tenaz. A lo largo de estos días lo he visto actuar infinidad de veces. Vuelvo a tomar la palabra para demostrarles que estamos acostumbrados a desenvolvernos con todas las garantías en situaciones como esta:

—No hace falta que lo decidáis ahora. Tomaos un rato para pensarlo, organizaos, buscad a alguien que se quede con los niños…

—No, si no es eso…

La frase se queda a medias. Nadie quiere verse obligado a tomar decisiones de esta naturaleza, y menos bajo presión. Colocar todos los elementos en una balanza, los supuestos peligros y el peso de las emociones, requiere un tiempo del que ahora no disponemos.

—Venga, sí. Salimos para allá —me responden al fin.

Cuelgo y me ocupo de otro paciente, pero me avisan en cuanto llegan los hermanos. Les explico la situación con toda franqueza. Ellos lo entienden. Se nota que están afectados por la situación y por el ambiente, pero la inseguridad ha quedado atrás. Han entendido que se habrían arrepentido de no venir. Su padre les ha entregado toda la vida, y no pueden negarle tres minutos. Ni a él ni a sí mismos.

Se lavan las manos, les ponemos la protección y los llevamos hasta su cama. Un metro antes de llegar a ella, en el suelo hay una raya dibujada con cinta amarilla y negra como la que marca en las películas el perímetro de las investigaciones policiales. No se puede rebasar sin traje de protección y la autorización del personal sanitario. Su padre los espera al otro lado. Les invito a pasar y me aparto para dejarlos solos por última vez. Es una historia terrible. El paciente ingresó por coronavirus, pero su salud ya era muy delicada. En el hospital sufrió una trombosis y sus riñones se colapsaron. Tuvo que ser operado de urgencia pero la evolución posterior fue hacia el fracaso multiorgánico. No tiene escapatoria a pesar de todos los aparatos y tratamientos. Se muere.

Los hermanos terminan de despedirse. Me gustaría darles un abrazo, pero no es posible. Les digo adiós y les deseo suerte. Ellos se van dando las gracias. Sé que los días que les quedan por delante no van a ser fáciles.

A las ocho de la tarde termina el turno de día y cambia el personal, excepto los pobres desgraciados a los que nos toca guardia de veinticuatro horas. En el relevo siempre se monta un follón terrible: gente que entra y que sale, que intercambia informaciones sobre los pacientes y se desea una buena noche con un nudo en la garganta.

En medio del bullicio me dejo caer sobre uno de los sillones turquesa de la salita de personal. Se trata de una habitación minúscula donde descansamos y tomamos café, refugiándonos del virus que se ha apoderado hasta del último objeto de la sala de los enfermos: de los ordenadores, los folios y los lápices; pero sin querer pensar que ahora estamos arrastrándolo con nosotros hasta las tazas en las que bebemos y las paredes contra las que nos apoyamos. No hay escapatoria. Mientras todo el mundo habla, yo me quedo ensimismado. Por un momento me siento fuera de mi cuerpo, visualizando una escena irreal desde algún lugar lejano. Siento desesperación. Un humo negro se cuela por mi nariz. Noto cómo la carga viral baja hasta los pulmones, el bicho que entra en mi cuerpo.

«Que Dios nos ampare —pienso—. Nadie nos va a ayudar.»

Desde que estalló esta crisis, a finales de febrero, he visto momentos de flaqueza entre los sanitarios que nunca imaginé que pudieran suceder. La moral está por los suelos. En la última semana las batas y mascarillas de los equipos de protección individual ya no son de un solo uso, como al principio, y recurrimos a todo tipo de chapuzas para cubrirnos. Eso nos hace sentirnos vulnerables, pero en mi caso me temo que no se trata solo de una impresión subjetiva. La tos es cada vez más fuerte. Las sacudidas de un nuevo ataque me arrancan de mi aislamiento. Saco el teléfono móvil y le escribo un mensaje a mi chica, Ruth: «Cuando salga de la guardia me hago la prueba».

En los últimos diez días he trabajado ciento veinte horas. Esa cifra se alcanza sumando tres guardias de veinticuatro horas, dos refuerzos de doce y tres turnos de ocho. En otras circunstancias podría sobrellevarlo con cierta entereza pero, desde que el SARS-CoV2 llegó a nuestras vidas, en las guardias raramente hay un minuto de pausa. El trabajo, además, tiene un componente físico excepcional. Hoy hemos dado la vuelta a quince pacientes para ayudarlos a oxigenar, casi todos por encima de los cien kilos. Gracias a ese ejercicio, combinándolo con una estricta dieta basada en la ausencia de pausas para comer, he perdido cinco kilos en un mes.

Tristemente, los pronósticos se cumplen y lo largo de la noche se nos quedan tres camas libres. Los celadores dejan los cadáveres al fondo de la sala que hemos abierto hoy. Los auxiliares y el personal de limpieza preparan las camas a toda velocidad, porque sabemos que enseguida volverán a llenarse. Así es, y a las cuatro de la mañana recibo una última llamada de planta. Es un hombre de cuarenta y seis años. Ahora sí, estamos completos. El paciente llega muy corto de oxígeno. Lo intubamos y lo ponemos boca abajo. Tengo la espalda destrozada, pero parece que el final del turno se acerca.

Cuando termino de colocar todo el aparataje y prescribir el tratamiento son las seis de la mañana. Todo parece tranquilo y decidimos que es la oportunidad de descansar un rato. Nos repartimos las plazas. En la UCI oficial hay dos camas para dos intensivistas. En la UCI de apoyo quedamos un anestesista que está de refuerzo y yo. Él puede dormir en una zona general de descanso, pero yo debo quedarme al lado de los pacientes para cualquier emergencia. Afortunadamente, han montado una cama de paciente dentro de un despacho vacío, aunque acostarse en una de esas no sea nada agradable. En cuanto apoyas la cabeza en una almohada sobre la que has visto colgando un gotero, tu cerebro se lanza a hacer asociaciones perversas.

Entro al despacho dispuesto a tirarme en plancha sobre la cama, pero la encuentro sepultada bajo un montón de ropa usada. En medio del descontrol general, nadie ha debido de avisar al personal de limpieza que en este despacho recóndito esperaba acostarse alguien.

—¿No quedan sábanas? —suspiro al borde del quebranto.

Empiezo entonces una larga peregrinación por el hospital, malgastando los únicos minutos de descanso de las últimas veinticuatro horas en la búsqueda de un trozo de trapo con el que cubrirme. Mientras avanzo por las salas con las luces apagadas solo se escucha el pitido de los monitores, que hacen que parezca encerrado en el cuarto de mandos de un submarino. En caso de que alguien entreabra los ojos en mitad de un sueño podrá verme arrastrando los pies como un alma en pena, pidiendo unas sábanas por caridad.

Al entrar en una última sala encuentro a una enfermera despierta. La luz azul de su teléfono le ilumina la cara mientras los pacientes duermen. Le resumo mi problema y, tanteando en los armarios, consigue un juego de ropa de cama. Me lo coloca en los brazos y me siento como un preso que cumple condena en Alcatraz.

Vuelvo al despacho. Extiendo las sábanas y me tumbo. Me queda una hora antes de que me toque darle el relevo al compañero de la mañana, pero ya no puedo dormir. Miro el techo, enmarcado por los barrotes de la cama de paciente y no puedo escapar de las trampas en las que se va enredando mi cerebro agotado.

—Yo también voy a caer. Nos vamos a contagiar todos. Vamos a morir —me oigo susurrar.

2

UN VIRUS DE APERITIVO

Si tengo que pensar cuándo entró el coronavirus en mi vida, me veo a mí mismo haciendo cola delante de la única impresora que seguía funcionando en toda mi UCI. El 17 de enero un virus informático había arrasado con la instalación informática del hospital y, días después, todos nos repetíamos la misma pregunta mientras esperábamos turno para imprimir los tratamientos de los pacientes:

—¿Cómo es posible que a los chinos les llegue el coronavirus ese y construyan un hospital en una semana, mientras que aquí no somos capaces ni de arreglar unos ordenadores?

La comparación en aquel momento resultaba sangrante. El coronavirus era algo tan mítico y lejano como la bestia de un relato oriental: un contratiempo que los chinos se disponían a resolver con el derroche de medios y esfuerzos al que nos tienen acostumbrados. Nosotros en España, mientras tanto, debíamos lidiar con nuestras pequeñas miserias cotidianas, que todo el mundo sabe que son terriblemente incómodas cuando te tocan a ti.

Concretamente, nuestro virus informático era de lo más miserable. El viernes 17 de enero entró en los ordenadores del hospital, probablemente a través de un correo electrónico contaminado en el que pinchó algún incauto, e inmediatamente cifró los archivos de nuestro sistema para que no pudiéramos acceder a ellos.

Los virus que piden un rescate a cambio de devolver el contenido que han secuestrado se conocen como *ransomware*. En nuestro caso se ignora qué *hacker* bromista se encargó de mandárnoslo. Lo único seguro es que, en cuanto se hizo con el control de nuestro sistema, las pantallas de los ordenadores y de las salas de espera dejaron de funcionar y nuestro hospital, completamente informatizado, se fundió en negro.

No te imaginas lo que es quedarse sin ordenadores en una UCI. Trabajamos con dos sistemas diferentes: en uno accedemos a las historias clínicas de los pacientes, hacemos las peticiones y revisamos analíticas, radiografías, etcétera; y en otro tenemos las gráficas en las que figuran la tensión arterial, la temperatura y el resto de los datos del paciente. Para ponerte en nuestro lugar piensa que, si trabajas en una oficina bancaria, el equivalente sería perder el acceso a los datos de los clientes; si eres contable, te quedarías sin tablas de Excel; y si trabajas en la caja de un comercio, no podrías consultar el precio de los productos. Son contratiempos importantes, pero a lo mejor no resultan tan graves si lo comparamos con el riesgo de que te ingresen inconsciente y un médico te recete un medicamento al que eres alérgico porque no ha podido consultar tu ficha.

El ataque sigue rodeado de misterio porque un hospital se considera una infraestructura crítica del Estado y no creas que el Ministerio del Interior comparte mucha información con nosotros.

En cualquier caso, para evitar que el virus se perpetuara en nuestro sistema, los informáticos tuvieron que formatear todos los ordenadores, reinstalar los programas y activar los antivirus apropiados. Esta operación hubo que repetirla manualmente con los cientos de terminales que tiene un hospital, con lo que el problema no se resolvió de la noche a la mañana.

Inmediatamente, el hospital activó un protocolo para trabajar en papel. En la UCI nos hizo falta cambiar nuestro sistema de funcionamiento por otro que nos fuimos inventando entre todos, con la cantidad de malentendidos que eso genera. No se trata solo de teclear o escribir a mano, sino que hay que reformular todos los protocolos de actuación: yo te paso este dato, tú lo escribes... Parecíamos los niños de *El señor de las moscas* construyendo una nueva sociedad que en realidad era un desastre total. Para colmo, si tienes una letra tan increíblemente mala como la mía, tu popularidad entre los compañeros se desploma y acabas escribiendo todo en mayúsculas y repasando cada palabra tres veces.

El momento en que al fin vimos un rayo de esperanza fue cuando los técnicos consiguieron instalarnos un único ordenador conectado a una impresora. Y como decía antes, los incautos médicos de la UCI aún nos permitíamos bromear comparando nuestras penalidades con las noticias sobre el avance de aquella extraña enfermedad respiratoria detectada en Wuhan a principios de diciembre.

Recordar todos los memes que propició la infección resulta doloroso a la luz de lo que hemos vivido después. Algunos eran chistes fáciles con cuencos de fideos repletos de alimañas, pero otros eran vídeos sobrecogedores de lo que parecía una película de ciencia ficción. «En una galaxia muy, muy lejana... un dron sobrevolaba las desérticas avenidas de Wuhan». Las imágenes de una ciudad de doce millones de habitantes que se había vaciado en un chasquido de dedos suscitaban la fascinación que produce lo irreal. Quién nos iba a decir que unas semanas después la Gran Vía de Madrid acabaría replicando aquella escena de *Abre los ojos* en la que Eduardo Noriega recorre un centro de Madrid tan vacío como el que se hizo rutinario ver durante el estado de alarma: sin un peatón, sin una tienda abierta, con los semáforos cambiando de color sin que nadie les hiciera caso.

Como consecuencia del coronavirus nos hemos dado de bruces con los efectos perniciosos de la globalización. Hace quinientos años, una enfermedad como la peste tardaba meses en llegar desde Asia a Europa subida a los barcos de los marinos mercantes. Por oposición, el Centro Europeo para la Prevención y el Control de las Enfermedades alertó el 18 de enero de 2020 de que el aeropuerto de Wuhan tenía seis vuelos semanales a París, tres a Londres y tres a Roma, y en cada uno de ellos podían viajar cientos de pasajeros infectados. Eso abre la puerta a que ni siquiera hubiera un único paciente cero en España, sino que el virus entrara por varios puntos a la vez.

Hay quien analiza esta interdependencia en parámetros económicos: nuestra vulnerabilidad es el precio residual de la prosperidad que nos ha traído el mundo global. A mí me gusta más planteármelo a partir de unos versos del maestro budista Thich Nhat Hanh en donde le recuerda al poeta que el papel sobre el que está escribiendo encierra dentro de sí todo el universo, porque es el fruto de una nube que un día regó el bosque, del sol que empujó la semilla del árbol a brotar y del leñador que un día lo cortó.

Sé que, así planteado, puede sonar demasiado etéreo, pero el poema en el fondo habla de algo muy sencillo: el «interser», la conexión que se establece entre todos los componentes de la realidad mediante lazos imprevisibles. Cuando me pongo trascendental bebiendo mi café de las ocho de la mañana, recuerdo que ese café no existiría si algún campesino no hubiera estado trabajando en un cafetal de un país lejano; cuando me pongo bruto, pienso que mi UCI no se hubiera colapsado si alguien en China hubiera pensado que era una pésima idea comerse un murciélago o un pangolín que no pasó controles sanitarios. Son las dos caras de la moneda del interser.

Sea como fuere, tras aquellos primeros memes demasiado crueles y demasiado inocentes todo empezó a acelerarse. La Organización Mundial de la Salud declaró el 30 de enero que existía un riesgo de salud pública de alcance internacional, y el 21 de febrero se informó de un gran brote de SARS-CoV2 en el norte de Italia.

El primer paciente en España infectado con coronavirus se conoció el 31 de enero. Fue un turista alemán ingresado en La Gomera en estado leve. El hombre estaba vinculado a uno de los primeros brotes conocidos en Europa, el de unos empleados de una empresa de productos automovilísticos que participaron en un curso de formación en Múnich junto a una compañera china con familia en Wuhan.

Nueve días después se detectó otro caso en Palma de Mallorca, un ciudadano británico relacionado con un contagiado de Reino Unido. Ambos pacientes fueron aislados y recibieron pronto el alta, así que las autoridades sanitarias pensaban que España seguía limpia de coronavirus.

Hasta que el 24 de febrero se detectaron los primeros casos en la península, cuatro en veinticuatro horas repartidos entre Madrid, Cataluña y la Comunidad Valenciana.

3

PACIENTE CERO

Todos los casos detectados el 24 de febrero están relacionados con personas que han visitado Italia recientemente o que han estado en contacto con viajeros que regresan de la misma zona. El Ministerio de Sanidad continúa afirmando que la posibilidad de que se registren en España brotes similares al que están sufriendo los italianos es «moderada-alta», pero ante la posibilidad de que el coronavirus haya dado un paso más y comience a transmitirse entre la población nacional, en la tarde del 26 cambia sus recomendaciones y envía una circular en la que pide analizar a todos los pacientes con infiltrado pulmonar bilateral sin causa conocida.

Esta orden puede suscitar una pregunta lógica en una persona no familiarizada con el mundo sanitario: ¿hay enfermos ingresados en hospitales sin que se conozca la causa de su infección? Pues, aunque parezca extraño, sí. Es frecuente que, cuando un paciente contrae una neumonía lo suficientemente grave como para llevarlo a la UCI, los médicos pongamos antibióticos para destruir las bacterias que están infectando el pulmón sin recuperar nunca en el laboratorio el patógeno causante de la enfermedad.

Sin embargo, desde el miércoles 26 ese protocolo cambia para conjurar la posibilidad de que los hospitales españoles puedan estar siendo invadidos por el nuevo virus utilizando como caballo de Troya a enfermos con los síntomas de una neumonía genérica. Aquel día mi UCI está llena, pero solo tenemos un paciente sin patógeno conocido. Se trata de un hombre de más de setenta años con infiltrados bilaterales y que lleva ingresado diez días. Pocos indicios llevan a imaginar que aquel paciente haya podido estar en contacto con el coronavirus. No solo no ha viajado a Italia o a Wuhan, sino que apenas ha salido de la Comunidad de Madrid en su vida, y la situación es similar para todos sus allegados. Aun así, revisamos la nueva recomendación y solicitamos al laboratorio que le realicen la prueba de PCR por exudado nasal, siglas en inglés de Reacción en Cadena de la Polimerasa, y que básicamente consiste en analizar material genético extraído de las regiones internas de la nariz.

La sorpresa es que a las dos de la mañana la Dirección General de Salud Pública de la Comunidad de Madrid llama al hospital anunciando que nuestro paciente ha dado positivo en la prueba. Entonces los compañeros de guardia clausuran la unidad de cuidados intensivos para impedir cualquier entrada y salida, aíslan a los pacientes y localizan a cuatro enfermeras y dos auxiliares que presentan síntomas compatibles con el coronavirus, como son la tos, la fiebre y la dificultad respiratoria, y que han estado en contacto con el paciente o han entrado en su habitación sin equipos de protección. No hay ninguna razón para pensar que están contaminados, puesto que sus síntomas son muy comunes entre sanitarios en época de gripe, pero el protocolo determina que deben ser ingresados y pasar el test del coronavirus, como se hace también con el resto de los pacientes.

Yo me entero de todo al día siguiente. Es uno de mis días libres, pero tengo que ir al hospital para participar en la presentación de un proyecto de musicoterapia en unidades de cuidados intensivos. Me despierto temprano y estoy saliendo de la ducha cuando me llama Javier Alcántara, el musicoterapeuta, que está viajando de Badajoz a Madrid en su furgoneta cargada de guitarras y yembés.

—Gabi, ¿tú sabes qué ha ocurrido? Me han llamado del hospital para avisarme de que se cancela el evento.

—Primera noticia. ¿No te han explicado nada más? —le respondo sorprendido.

—Qué va. Me han dicho que no me pueden contar la causa pero que me voy a enterar muy pronto.

La conversación me deja preocupado. Termino de arreglarme y llamo al hospital, pero nadie contesta. Empiezo a atar cabos:

—La prueba del coronavirus...

La mandíbula se me cae al suelo de la impresión. Si lo que se me pasa por la cabeza es cierto, nos corresponde el dudoso honor de contar con el primer caso de SARS-CoV2 diagnosticado en una UCI española: el primer paciente que ha contraído el coronavirus sin tener ningún contacto con uno de los países de riesgo y cuya situación clínica, además, es grave. Al poco rato la noticia sale en los periódicos digitales y el teléfono empieza a hervir con mensajes de compañeros. Los que han pasado la noche ingresados en el hospital protestan, entre la psicosis y el fastidio, sin saber que están ejerciendo de vanguardia de los cuarenta y siete millones de españoles que pronto se verán confinados en sus casas. El resto nos devanamos los sesos preguntándonos cuál ha podido ser nuestro grado de exposición a la enfermedad. También abundan los debates epidemiológicos sobre cómo ha podido llegar el SARS-CoV2 a nuestra unidad. Se plantean todo tipo de teorías, pero he de reconocer que yo soy de los más tremendistas y empiezo a preocuparme, porque la única respuesta que se me ocurre es que el virus lleve un tiempo circulando entre nosotros.

A pesar de que ni los pacientes ni ningún compañero da positivo, los servicios de medicina preventiva del hospital comienzan de inmediato con la formación. Nos enseñan cómo vestirnos con los equipos de protección individual o EPI, conocidos en nuestro particular argot como «trajes de astronauta».

Ninguna precaución parece excesiva, a la vista de que dos días después tenemos el primer diagnóstico positivo en planta. Hasta ese momento los más ilusos aún esperaban que todo hubiera obedecido a un golpe de mala suerte. Quienes apostamos por la teoría de que el SARS-CoV2 hace días que se pasea por Madrid nos vemos ya como porteros a punto de ser bombardeados en una tanda de penaltis. Lo peor es que ni unos ni otros tenemos la menor idea de lo que realmente se nos viene encima.

Desde el lunes de la semana siguiente mi hospital se transforma en un apocalipsis zombi. El caso en planta se convierte en diez y, por mucho que se intente contener la situación, todos nos damos cuenta de que estamos a punto de entrar en una fase de progresión exponencial.

Por los pasillos del hospital nos detenemos a hablar con los compañeros internistas, que nos comentan preocupados cómo evoluciona la enfermedad:

—La mitad de los infectados presentan tal deterioro que podríais llevároslos ya a la UCI.

—Imposible. Tenemos las dieciséis camas llenas —les avisamos.

El patrón de funcionamiento de la enfermedad nos está avisando del tamaño del camión que está a punto de arrollar nuestra UCI. La infección parece un proceso viral controlable hasta que, al cabo de unos días, el organismo colapsa y se desatan neumonías muy agudas que pueden provocar una insuficiencia respiratoria.

Una semana después de nuestro primer caso, ya tenemos otro paciente infectado en la UCI, y al terminar la primera semana de marzo son cinco. En planta acumulan ya veinte casos.

Nos llegan noticias de otro centro de la Comunidad de Madrid que está sufriendo una progresión similar. Los grandes hospitales, sin embargo, aún parecen libres de infecciones. Eso es muy buena noticia para ellos, pero muy malas para nosotros. Por desgracia, los grandes son los que marcan el paso también en este campo. Hasta que un gigante no estornuda, nadie se preocupa por si los demás nos estamos muriendo de frío.

Lo peor es que las noticias que llegan de Italia son espantosas, y nadie reacciona en España. Los indicios de que la epidemia está tomando fuerza son evidentes, y los médicos que vemos el desastre en primera línea comenzamos a preocuparnos por la falta de estrategia. Si el Ministerio de Sanidad y la Dirección General de Salud de Madrid conocen nuestra situación y los antecedentes internacionales, ¿por qué no nos aíslan?, nos preguntamos, argumentando que la solución más efectiva podría ser cercar los tres o cuatro focos que están surgiendo dentro de España para evitar que el virus se propague.

—Que cierren todo Madrid igual que nos cerraron aquí la primera noche. Pueden aislarnos mientras nos apoyan desde el exterior con todos los recursos humanos y materiales —comentamos entre los compañeros.

Ante nuestra desesperación, cada vez se hace más evidente que ninguna Administración quiere asumir los papeles más ingratos en esta historia: el de apestado y el de agorero. Supongo que debe de ser una decisión difícil enfadar a los electores limitando sus movimientos de forma prematura. Desgraciadamente, quienes hemos estudiado Medicina sabemos que la progresión de todas las grandes epidemias se construye así, sobre la imprudencia y el miedo a ser señalado. Nadie se atreve a levantar la mano y pedir ayuda cuando la enfermedad se cuela en su casa. Es solo en el momento en que vemos la muerte entrando por la ventana del vecino que damos la voz de alarma.

Al fin y al cabo, una pandemia es un suceso que no entra en los parámetros de lo esperable. Por esa razón, los indicios de peligro que fueron apareciendo se desecharon de inmediato o se clasificaron en la categoría de eventos improbables. Esa incredulidad inicial, tan humana, ayuda a comprender lo ocurrido, pero me sigue costando digerir que los profesionales no encontráramos el apoyo de las instituciones hasta muchos días después de que la amenaza se concretara en una escalada de contagios evidente. Cuando llegue el momento de discutir reposadamente qué falló en la gestión del coronavirus, los responsables de tomar decisiones sanitarias no podrán obviar que estaban al corriente de lo que ocurría en hospitales como el mío, e incluso les tocará reconocer que tenían teléfonos móviles. Por eso, igual que cualquiera de nosotros, habían podido ver los vídeos de Wuhan convertido en zona catastrófica. Simplemente no alcanzaron a pensar que, excepto lo de construir hospitales en una semana, todo lo que había ocurrido en China estaba a punto de repetirse en España.

4

JUEGO DE PRONOS

El busca suena de nuevo.

Cada vez que me llaman para evaluar si un paciente debe ingresar en la unidad de cuidados intensivos me encuentro con un tipo de locura distinto al que me rodea habitualmente. En la UCI somos una raza de maníacos que se lanzan a correr cada vez que un monitor emite un pitido de más; pero en urgencias lo que impera es un nivel de caos inasumible, por ejemplo, para un intensivista entrenado en la necesidad de mantener un orden cartesiano bajo cualquier circunstancia. La gente parece moverse sin una dirección clara pero sin detenerse nunca, con ingresos y altas a cada segundo, y gritos y camillas en mitad del pasillo.

Desde que llegó el virus, en urgencias están sobrepasados. Un enjambre de toses sobrevuela la planta. Al verte llegar con tu pijama médico, los ojos febriles de mil enfermos se clavan en ti, esperando que seas el facultativo responsable de atenderlos. Muchos tiritan, otros piden ayuda porque se ahogan. El miedo está en cada esquina. En las conversaciones telefónicas, en los sollozos, en la gente que intenta mantener las distancias con el resto de los ocupantes de la sala de espera. Lo más desgarrador es ver a pacientes mayores llorando de miedo, convencidos de que no saldrán del trance porque han caído en las fauces del virus que devora a los viejos.

Examino al paciente por el que me han avisado y digo que se viene conmigo a cuidados intensivos.

Diez días después del primer caso ya tenemos más de media UCI llena de infectados de coronavirus. Dejamos una cama libre entre pacientes para evitar los contagios, pero todas las precauciones se vuelven inútiles.

El caso con el que tengo una relación más estrecha es el de Julio, el paciente de la cama cinco. Es un hombre de sesenta y cinco años, muy alto y corpulento, con antecedentes de diabetes, tensión alta y varios estents coronarios por un infarto del que se recuperó satisfactoriamente. Julio ingresó en el hospital el mismo 26 de febrero que descubrimos la primera infección. Llevaba dos semanas en su casa con un cuadro febril, pero su médico de cabecera lo atribuyó primero a una gripe y luego a una neumonía que trató con antibióticos, hasta que Julio comenzó a asfixiarse. Llegó al hospital con la saturación de oxígeno muy baja, pasó una noche en observación y tuvimos que intubarlo en la UCI. Su diagnóstico es el mismo que se va volviendo omnipresente: insuficiencia respiratoria aguda e infiltrados pulmonares bilaterales.

Continuamos afinando la tipología de los pacientes con coronavirus: nada de viajeros trotamundos, sino personas de una cierta edad y con tendencia al sobrepeso. Fernando Simón, el epidemiólogo que dirige el Centro de Coordinación de Alertas y Emergencias Sanitarias del Ministerio de Sanidad y que se va convirtiendo en el rostro de la gestión gubernamental de la crisis, siembra la semilla de la discordia en mi hospital al señalar a una comunidad de cristianos evangélicos como el foco de la infección que está causando que nuestras camas se llenen de SARS-CoV2.

Previsiblemente, la afirmación molesta a los familiares de los enfermos, y Simón se ve obligado a excusarse al día siguiente. Sus palabras son especialmente desafortunadas si tenemos en cuenta que por estas mismas fechas se están organizando desplazamientos de hinchas de fútbol a zonas de riesgo, manifestaciones multitudinarias y congresos de partidos políticos. A ver qué colectivo queda libre de polvo y paja.

Sean religiosos, militantes o futboleros, los pacientes que llegan a la UCI presentan siempre la misma afección: síndrome de distrés respiratorio agudo, que es la situación que se produce cuando los pulmones no pueden realizar la función de oxigenar la sangre de forma adecuada.

Para que un pulmón funcione, necesita hincharse y deshincharse como un globo. En ese espacio libre se produce el intercambio de gases: oxígeno fresco por dióxido de carbono listo para ser exhalado. Cuando por diferentes motivos los pulmones no funcionan, conectamos a la persona a respiración artificial mediante un tubo que se introduce por su tráquea.

Con la ventilación mecánica, el ventilador sustituye las funciones de los pulmones. Pero la intubación es una técnica muy agresiva. Para practicarla es necesario dormir al paciente con sedantes y aplicarle analgésicos que le impiden sentir el dolor y la impresión de asfixia que provoca deslizar un tubo garganta abajo hacia el pecho. Además, la intubación puede suscitar movimientos indeseados al estimular los músculos del esófago, las cuerdas vocales y los pulmones, y eso nos obliga al uso de bloqueantes neuromusculares. A partir de ese momento, el médico tiene un control absoluto sobre el paciente sedado, analgesiado y miorrelajado. Si le pido al ventilador que esa persona haga quince respiraciones por minuto, hará quince. Y si le digo que necesito dieciocho, serán dieciocho. Se acabó el libre albedrío. El paciente se convierte en una extensión biológica del ventilador.

Un problema que encontramos con los primeros casos de SARS-CoV2 es que una parte importante corresponde a personas relativamente sanas, cuyos sistemas inmunitarios resisten mucho antes de ceder al virus, o que no perciben la carencia de oxígeno hasta un momento muy tardío, por lo que cuando llegan a la UCI la situación de sus pulmones es de gran deterioro. El otro grupo de población más afectado son ancianos, que por lo general se esperan a tener los labios azules antes de presentarse en el hospital. A este retraso en el diagnóstico se suma que el criterio médico establece postergar la intubación el máximo tiempo posible, esperando que el paciente logre estabilizarse con aportes externos de oxígeno para no caer en la dependencia de la máquina. Para entender esa filosofía debemos tener en cuenta que los cuidados intensivos son una forma de luchar contra el tiempo. En la UCI no curamos a nadie: simplemente compramos el tiempo de vida necesario para que el paciente se restablezca mediante la medicación o la evolución natural de las lesiones. ¿Qué quiero decir con esto? Que cuando en la UCI enchufamos a un ventilador a la víctima de un accidente de tráfico, ese ventilador no la está curando, sino que permite que el oxígeno siga circulando por su cuerpo mientras los antibióticos combaten la sepsis, y la cirugía y su sistema inmunológico van reparando los desperfectos ocasionados por las heridas. Sin el oxígeno que recibe gracias a ese ventilador, el paciente morirá y el proceso de curación, evidentemente, se detendrá.

Con el coronavirus estamos en la misma situación. El ventilador no repara los pulmones dañados. Lo que hace es inflarlos para facilitar el intercambio gaseoso mientras la infección remite, pero a cambio el paciente pierde el control de su cuerpo, y la dependencia de máquinas siempre es la opción menos buena en medicina.

Nuestros problemas se agravan a medida que pasan los días, la UCI se acerca al colapso y necesitamos prolongar todo lo posible la estancia de los pacientes en planta. Solo admitimos ingresos en cuidados intensivos cuando llega el momento en que los pulmones no responden. Como consecuencia de este sobresfuerzo, los pacientes nos llegan completamente asfixiados, y la intubación se convierte casi en un deporte de riesgo.

En caso de que el distrés respiratorio sea tan agudo que la oxigenación no se consiga ni siquiera mediante un ventilador mecánico, el siguiente paso es dar la vuelta al paciente, colocándolo durante un mínimo de dieciséis horas en posición de decúbito prono, o lo que es lo mismo, boca abajo. Para entender esta maniobra debemos volver a esa imagen del pulmón que se hincha como un globo, hace el intercambio gaseoso y se deshincha. Cuando un cuerpo yace boca arriba, la parte posterior del pulmón no se llena, y eso representa un porcentaje importante del globo que queda sin aprovechar. Una forma natural de conseguir que esa zona se oxigene es girando al paciente.

Estamos hablando de una maniobra que no se precisa de forma habitual, porque es poco frecuente que alguien presente un déficit de oxígeno tan extremo a causa de un distrés respiratorio. Haciendo un recuento rápido, podríamos decir que, de los mil pacientes que pasan al año por la UCI de mi hospital, menos de treinta necesitan que los coloquemos en decúbito prono. Sin embargo, pronto descubrimos que todos los pacientes de coronavirus requieren de esta maniobra que resulta tan exigente físicamente para nosotros, en especial si tenemos en cuenta que hablamos de personas que están dormidas y no pueden ayudarnos a que les demos la vuelta.

La operación para girar a un paciente intubado requiere de un mínimo de cuatro participantes. El médico se ocupa de asegurar la vía aérea, porque si el tubo sale de la garganta puede fallecer. Junto al intensivista se necesitan un celador que se ocupe de voltear al paciente, y una enfermera y un auxiliar que tiren de las sábanas en sentido contrario, favoreciendo la rotación del cuerpo. Todo esto, por supuesto, debe hacerse con los correspondientes trajes de protección y pantallas protectoras cubriendo la cara, porque durante la maniobra prácticamente metemos la cabeza en la boca del paciente, con lo que corremos el peligro de contagiarnos con los aerosoles, que es como se denominan las minúsculas partículas suspendidas que podría expulsar desde sus pulmones.

Algo importante que se me olvida mencionar es que la maniobra debe seguir repitiéndose hasta que el paciente deje de mostrar mejoría gracias a ella. En el caso del coronavirus, eso se traduce en que solemos desarrollarla a lo largo de unos cinco días: cinco largas jornadas girando una y otra vez a todos nuestros pacientes, los cuales a menudo pesan más de los cien kilos. Una bendición para la espalda.

Ante la cantidad de decúbitos pronos que practicamos diariamente se me ocurre el chiste de bautizar nuestros turnos como «Juego de Pronos». No sé si ya he comentado que soy el graciosillo de mi unidad. Todos asumimos el término, y nadie se puede imaginar cuánto me arrepiento de mi broma cada vez que un compañero anuncia a voz en cuello:

—¡Comienza Juego de Pronos!

Me he detenido a ofrecer tantos detalles sobre la maniobra del decúbito prono porque esta peculiaridad en el tratamiento del coronavirus ayuda a entender por qué su gestión hospitalaria resulta particularmente exigente. Si en un momento dado coincide que tenemos que girar a tres pacientes a la vez, estamos hablando de doce a quince profesionales implicados en la tarea.

Lo peor es que, por mucho esfuerzo que hacemos, los resultados siguen siendo deprimentes. De forma habitual, la tasa de supervivencia en las UCI de España ronda el 90 %. Sin embargo, en los pacientes con coronavirus es mucho menor: teniendo en cuenta la referencia de China, entre un 40 y 50 %. Así que, si el drama humano no es suficiente, se añade que tenemos el ego profesional por los suelos.

A Julio le aplicamos cinco sesiones de decúbitos pronos. Y mientras vamos girándolo y girándolo, un día descubro que tenemos conocidos comunes. En concreto, Julio es familia de la mejor amiga de mi hija mayor en el colegio. Así que me encargo de él como si fuera un pariente.

Lo más inquietante de su caso es la confusión que lo rodea. Visto que su ingreso se produce el mismo día en que detectamos a nuestro primer paciente infectado, a Julio le hacemos la prueba PCR de inmediato. El resultado del test es negativo, pero eso no nos tranquiliza porque vemos que sus síntomas son los de un coronavirus de libro.

Una compañera que es además microbióloga nos avisa de que algo raro puede estar sucediendo. Se frota el puente de la nariz. La marca de las gafas del equipo de protección acentúa el cansancio de las miradas, y todos parecemos mucho más viejos y sabios.

—Algunos colegas me dicen que esta prueba da muchos falsos negativos —nos advierte—. Si sigue con estos síntomas, yo volvería a hacérsela.

Así que, aunque los protocolos no lo contemplan, decidimos repetirle el test. Cuando el laboratorio nos contesta el 6 de marzo, nos damos cuenta de que, efectivamente, Julio es positivo.

Eso implica que hemos pasado varios días trabajando con un paciente contaminado sin cumplir con los protocolos de seguridad. En el caso del personal sanitario, ese accidente no resulta determinante porque en mi UCI somos particularmente escrupulosos y siempre tomamos todas las precauciones con los casos de riesgo. Sin embargo, comunicárselo a la esposa y a los cinco hijos de Julio es delicado:

—¿Han oído hablar del virus de Wuhan? Pues no me pregunten cómo, pero resulta que Julio lo tiene.

Afortunadamente mi relación con la familia es buena. Saben que estamos haciendo todo lo posible por él y entienden que la situación es tan atípica que no nos queda más remedio que recurrir al método de ensayo y error si queremos que los pacientes tengan una oportunidad de salir adelante.

En general las familias de todos nuestros pacientes se muestran muy colaborativas. Nos ven desbordados y no exigen nada que no podamos ofrecerles. En el extremo opuesto, es más común ver a parientes que, en cuanto se enteran de que un ser querido se ha infectado de coronavirus, experimentan el acto reflejo de tomar distancias, algo muy humano. Mi UCI apuesta por la presencia controlada de familiares y, utilizando las medidas de protección adecuadas, facilitamos que estén lo más cerca posible de los pacientes en los momentos críticos. Siguiendo esa filosofía, intentamos corregir ese movimiento espontáneo de retirada explicando a los seres queridos qué es lo que pueden hacer para continuar conectados a los pacientes en la medida de sus necesidades. Aunque sea viéndolos a través de un cristal.

En cualquier caso, la comprensión demostrada por la familia de Julio nos recuerda lo importante que es mantener un vínculo de sinceridad y confianza para sobrellevar los malos momentos que se atraviesan a lo largo de un ingreso hospitalario. La comunicación es un aspecto infravalorado del trabajo médico, pero es tan importante para aliviar el sufrimiento como el mejor de los analgésicos. Pese a ello, en la facultad no nos enseñan habilidades de comunicación. Se asume que se trata de herramientas que iremos adquiriendo con el tiempo, aunque eso no siempre sea así. Y aunque lo fuera, una formación guiada podría ahorrar considerables meteduras de pata que no solo nos evitarían malos momentos a los médicos sino que, mucho más importante que eso, aliviarían de un sufrimiento innecesario a los familiares que tienen la mala suerte de caer en manos de un doctor torpe con las palabras. Porque a las palabras no se las lleva ningún viento.

5

SOLIDARIDAD

Los pasos que debemos ejecutar antes de entrar en el box de un paciente con coronavirus son siempre idénticos.

Primero nos lavamos las manos con solución alcohólica, y a continuación empezamos con la colocación del traje de astronauta. Para abrir boca, los guantes. Después la bata impermeable, siempre atando el nudo en un lateral de la cadera para que los extremos del cordón no rocen ningún elemento sucio. Continuamos con el segundo par de guantes, esta vez un modelo más largo que cubre los puños de la bata hasta la mitad del brazo y nos hace sentir como Rita Hayworth en *Gilda*. En ese momento llega el turno de la mascarilla autofiltrante categoría FFP3 (la Filtering FacePiece 3, con un 98 % de eficacia de filtración mínima), una máscara rígida que nosotros denominamos de pico de pato. Es importante ajustársela bien a la nariz y a la barbilla antes de pasar a la última pieza, las gafas de buceo.

El protocolo para colocarse el equipo es tan estricto como el que seguimos para retirarlo, atentos a no tocar ninguna de las superficies expuestas a la contaminación.

Entre una cosa y otra, nos pasamos el día vistiéndonos y desvistiéndonos, pero eso no es nada comparado con la cantidad de veces que nos lavamos las manos. Antes de cada visita a un paciente procedemos a una desinfección meticulosa y estrenamos un par de guantes. Y en cuanto terminamos, los lanzamos a la papelera y pasamos de nuevo por el dispensador de gel hidroalcohólico. Cientos de veces al día. Entre el desinfectante y la doble piel de látex, al final del turno las manos tienen la misma textura que un par de cucharones de madera.

Sin embargo, es en el cerebro donde la rutina va haciendo callo de verdad. Sumando los nuevos rituales de limpieza a las noches cada vez más cortas, los turnos cada vez más cargados, y los pacientes, todos casos muy parecidos, la vida en el hospital comienza a convertirse en un continuo en el que los días se vuelven idénticos unos a otros.

Una jornada normal arranca a las ocho al llegar al hospital, aunque la mía suele comenzar bastante antes, a las seis de la mañana, en el momento en que suena el despertador y pienso que soy un desgraciado por vivir a setenta kilómetros de mi trabajo. No me gusta conducir y odio los atascos, así que salgo de casa a las siete menos cuarto para adelantarme a los embotellamientos. Gracias a esa anticipación, suelo llegar el primero al cambio de turno con los de la noche.

A las ocho, el equipo médico se reúne en un despachito y repasamos la evolución de los pacientes a lo largo de las últimas horas. Luego se designa a un médico para ocuparse de cada grupo. Intentamos que exista la mayor continuidad posible en el tratamiento porque es un elemento que permite crear vínculos, evita los bailes de información y facilita las relaciones con la familia.

Después de la reunión, yo me pongo un café y enciendo la música.

Sí, la música.

Antes he mencionado mi implicación con la musicoterapia, que progresivamente va ganando el lugar que le corresponde en las unidades de cuidados intensivos. ¿Quién no tiene una canción que lo cura de todo? En mi UCI he visto llevar el compás por bulerías a pacientes que un minuto antes parecían estar despidiéndose de este mundo. Y tampoco hace falta llegar a las puertas de la muerte para darse cuenta del poder revitalizante que tiene la música: basta con verse atrapado en uno de esos atascos de los que yo intento huir cada mañana y sacar de la guantera un disco que nos anime. En cuanto entran el bajo y la batería, la tensión dentro del vehículo comienza a relajarse, por mucho que al otro lado del cristal llueva y se escuche un desagradable concierto de bocinas. Al cabo de unos minutos, el mal humor va diluyéndose en un suave tarareo, y al final de la primera canción es habitual que nos encontremos transportados a un karaoke imaginario, berreando un estribillo del que no nos sabemos la mitad de las palabras.

Siguiendo esta misma lógica terapéutica, la asociación Música en Vena logró plantar un piano en la UCI de un famoso hospital público de Madrid, donde goza del estatus de un ventilador más. Ya que en mi hospital no tenemos esa suerte y, de todas formas, yo soy incapaz de tocar nada, en mi escritorio guardo una memoria USB con dos mil canciones que sirven para levantar el día más negro, ya sea durante una pandemia o una invasión alienígena. Cuando entro en la UCI enchufo el ordenador a un altavoz inalámbrico en modo aleatorio para que lo escuchen los pacientes y también nosotros mientras trabajamos. La selección va desde U2 a Queen: clásicos vitamínicos, bombas de serotonina capaces de despertarle un recuerdo feliz hasta a un amnésico.

Plegándome a la preferencia de mis compañeros por las letras en español, mi lista incluye un amplio repertorio de pop nacional, pero no me privo de caprichos como la música brasileña, de la que me he vuelto un entusiasta defensor gracias a mis viajes por América Latina. Me genera un placer perverso sorprender a mis colegas absortos en las gráficas de sus pacientes mientras tararean la versión de «Más que nada» de los Black Eyed Peas como si no estuviéramos todos vestidos de astronautas, sino en una playa tropical en la que sopla la brisa del mar. Una ambientación sonora tan maravillosa, por supuesto, no quiere decir que vayamos por la UCI bailando la conga y bebiendo caipiriñas, pero trabajar acompañado de música ayuda a relajar un entorno que cada día se vuelve más irrespirable, hagamos lo que hagamos por remediarlo.

Puede haber gente a la que esto le parezca frívolo:

—¡Médicos y enfermeras canturreando entre gente que se asfixia! ¡Qué vergüenza!

Sin embargo, a esos guardianes del decoro les aseguro que se trata de todo lo contrario: esforzarnos por mantener la moral alta no representa una falta de respeto, sino que es la mejor forma de protegernos a nosotros y a nuestros pacientes. Cuando vives rodeado de sufrimiento, expuesto a que el dolor de los demás afecte a tu ánimo y nuble tus decisiones, cualquier detalle que haga la vida más agradable es un flotador al que tenemos la obligación de agarrarnos. Créeme cuando te digo que en una UCI ya hay bastantes razones para tragarse las lágrimas y, al menos en mi caso, siempre preferiré que el médico encargado de mi tratamiento esté relajado y no al borde de la depresión.

Y si todos estos argumentos no bastan, déjame que reconozca que la mayoría del tiempo no me entero ni de qué música está sonando a mi alrededor. Gritos. Pitidos de máquinas. Intubar, extubar, revisar cultivos, antibióticos, ajustar el ventilador y el hemofiltro, cambiar vías, pronar, supinar, un TAC, una broncoscopia. Suena el busca de las paradas cardíacas, corre a urgencias… ¡Corre!

Llegados a este punto del relato me doy cuenta de que resulta necesario aportar algo de información adicional sobre mí. Tengo cuarenta y dos años, de los que llevo dieciocho trabajando en unidades de cuidados intensivos. Aunque he ejercido en otros hospitales españoles y del extranjero, he pasado la mayor parte de mi carrera en la Comunidad de Madrid, porque es donde nací y donde ha vivido siempre mi familia. Estoy divorciado, tengo una novia llamada Ruth que vive en Granada, y dos hijas de once y seis años, Carla y Mara, ambas orgullosas socias del Atlético de Madrid, como yo. Ese no es un detalle menor en mi biografía, porque algunas filiaciones futbolísticas nos preparan mejor para lidiar con las frustraciones de la vida.

Lo que resulta indiscutible es que todos necesitamos una vida fuera de las cuatro paredes de nuestros trabajos, ¿no es así? Los hay que se entrenan para correr maratones y quienes se desviven por el aeromodelismo o los bailes de salón. Yo, para que nadie diga que soy un obsesivo, he elegido entregar la mayor parte de mi tiempo fuera de la unidad a un proyecto para humanizar la sanidad.

En concreto, soy el creador y director de Proyecto HU-CI, una organización que trabaja para convertir las UCI en espacios más amables para pacientes, familiares y profesionales. Mi compromiso con esta iniciativa ha ido creciendo tanto que en los últimos tiempos he solicitado una reducción de jornada (y de sueldo) para coordinar nuestras iniciativas, que requieren de abundantes viajes, conferencias, cursos y talleres.

Sin embargo, en cuanto comenzamos a recibir los primeros casos de SARS-CoV2 entiendo la dimensión del problema que se nos viene encima y actúo en consecuencia. El lunes 2 de marzo, al regreso del primer fin de semana tras el paciente positivo, anuncio a mis compañeros que suspendo mi reducción de jornada y me pongo las veinticuatro horas a disposición del hospital.

Por si quedaba alguna duda sobre lo acertado de la decisión, al día siguiente Valencia anuncia que, siguiendo la orden de Sanidad de revisar casos de neumonía desconocidos, ha practicado una necropsia a un paciente del hospital Arnau de Vilanova fallecido el 13 de febrero y ha detectado que era positivo de SARS-CoV2. ¡El 13 de febrero! Eso quiere decir que el virus lleva un mes circulando por la calle. El paciente era un varón de sesenta y nueve años sin ninguna de las consideradas causas de comorbilidad vinculadas al coronavirus: ni diabetes ni hipertensión. Ingresó en planta por dificultades respiratorias y cuando empeoró lo trasladaron a la UCI, donde falleció.

Los peores presagios se confirman, y en diez días nuestra UCI se ve desbordada de pacientes con coronavirus; hasta tal punto que empezamos a quedarnos cortos de ventiladores. Este problema inquieta mucho a los responsables, pero a mí me preocupa más que no tengamos suficientes médicos que puedan manejarlos.

6

MÁQUINAS

Una UCI es una auténtica nave espacial. Cada cama está equipada con monitores, ventiladores, máquinas de diálisis y bombas que inyectan los medicamentos más innovadores, pero lo cierto es que la mayoría de las técnicas que se practican en una unidad de cuidados intensivos son lo que los médicos llamamos «operador dependientes». Es decir, que sin un buen equipo de personas que se ocupe de interpretar lo que nos dicen las pantallas y de diseñar y ejecutar los tratamientos, esos aparatos no son más que una chatarra muy cara.

Naturalmente, ante la perspectiva que se avecina los hospitales quieren estar preparados. Lo demuestran lanzándose a una batalla encarnizada por aprovisionarse cada uno por su cuenta con los mejores materiales. Ese tipo de comportamientos, cavar trincheras y comprar latas de conservas y máscaras antigás a la espera de que pase lo peor, definen bien el enfoque prebélico y tremendamente individualista que se toma en esta crisis sanitaria: que cada uno se ocupe de garantizar su seguridad dentro de sus minúsculas fronteras. Quizá esa sea la razón por la que desde el principio se insiste en hablar del coronavirus con terminología militar. No es por culpa de un lapsus o falta de imaginación descriptiva, sino porque se enfoca como una hazaña bélica en lugar de como un problema epidemiológico que requiere un enfoque sanitario. Convertir la sanidad en una guerra es un error, pero si vamos a insistir en ello, seamos coherentes y pensemos que quizás lo primero que debamos tener claro es que el virus se combate cuerpo a cuerpo, y que para el cuerpo a cuerpo lo único que resulta imprescindible son las personas. Un ejército de ventiladores autónomos no va a ocuparse de diagnosticar a los enfermos, pronarlos y diseñar sus tratamientos. Para eso se necesitan profesionales sanitarios. O por seguir con las metáforas militares: se necesita carne de cañón.

Visto que los días pasan y no llega ninguna respuesta de la Administración ante la escalada de casos que sufrimos en dos hospitales madrileños, Vitoria, Valencia y algunos puntos de Cataluña, los profesionales sanitarios nos lanzamos a buscar ayuda por nuestra cuenta. Cada uno tiene sus circuitos y comienza a hacer todo el ruido que puede.

Los jefes de servicio de las UCI de Madrid están conectados por un chat de WhatsApp, y algunos comentan que la situación empieza a ser insostenible. En mi hospital casi no nos quedan camas libres y, lo que es aún más grave, hay pacientes por los que no podemos hacer mucho más con los recursos que tenemos. Sus problemas respiratorios han llegado a tal punto que no basta con los ventiladores ni con el cambio de posición para oxigenarlos. Necesitan ir un paso más allá y enchufarse a una máquina ECMO.

Un ECMO, o membrana de oxigenación extracorpórea, es un aparato prodigioso que se conecta al paciente mediante un catéter en la pierna, extrae su sangre, la oxigena en el exterior y se la devuelve. El problema es que esta compleja tecnología no está disponible más que en unos pocos hospitales.

Para nuestra sorpresa, las respuestas a las llamadas de auxilio que lanzamos son siempre negativas. Ninguno de los grandes centros quiere llevarse a un paciente con coronavirus por miedo al contagio. Algunos jefes de servicio se disculpan por lo inusual de su decisión, pero otros nos tachan de alarmistas y nos piden que no perdamos los nervios.

Desde un punto de vista racional puedo entender el miedo que se esconde tras esas respuestas desdeñosas: nadie quiere meter al demonio dentro de su hospital. Asumiendo el punto de vista de un gestor que intenta proteger a su equipo, también comprendo que se muestren reacios a ayudarnos. Pero como médico me resulta imposible empatizar con esa decisión que atenta contra la deontología. Si el paciente que está falleciendo en mi UCI se hubiera presentado en uno de esos grandes centros que cuentan con un ECMO, tendría más posibilidades de sobrevivir. ¿Dónde queda la ética dentro de esos cálculos egoístas?

Echando la vista atrás, resulta descorazonadora la falta de miras con la que actúan al principio de esta crisis tantas personas bien situadas en los escalafones políticos y de la gestión sanitaria. Ellas podrían haber desempeñado un papel decisivo a la hora de frenar la escalada de contagios y muerte. Sin embargo, eso hubiera requerido conducirse con la humildad necesaria para escuchar a los expertos que a pie de cama les avisaban sobre la gravedad de la situación; y a esa modestia se le tendría que haber sumado la valentía necesaria para plantear medidas impopulares o que entraban en colisión con los intereses de sus superiores. Sé que la posición de estos cargos técnicos siempre es difícil, pero es la que ellos han elegido y deberían ser capaces de cumplir con las responsabilidades asumidas.

Dentro de esta misma lógica estéril del sálvese quien pueda, en los contactos con otros centros de Madrid las energías se pierden en discutir sobre modelos de gestión. Hospitales grandes y pequeños. Sanidad pública, privada, o pública de gestión privada. Muy bien, ¿pero esas clasificaciones son relevantes para una persona que se está quedando sin oxígeno y necesita una máquina que se encuentra en otro hospital ubicado a quince minutos del suyo?

Las etiquetas parten de la necesidad que tenemos los seres humanos de poner nombre a todo. Está claro que clasificar y ordenar resulta muy útil a la hora de organizarnos, pero no podemos permitir que esas categorías nublen nuestra razón. Cuando las etiquetas sirven para mejorar la distribución del trabajo o cohesionar a los equipos, bienvenidas sean; pero si se utilizan para perpetuar rivalidades tribales, debemos ser inteligentes y apartarlas.

Poco a poco el mismo comportamiento miope se repite en todas las esferas de la respuesta a la epidemia. Las Administraciones se resisten a confinarnos para no atraer presión política sobre ellas; los grandes hospitales no aceptan traslados... El siguiente paso es pedir apoyos de personal dentro de la Comunidad de Madrid. La respuesta también es la previsible: no. Parece evidente que la comunidad sanitaria no entiende todavía que nos encontramos ante el principio de lo que se va a convertir en un tsunami para nuestro sistema. Cerrar las puertecitas de cada hospital no va a servir para protegernos de la enorme ola que está a punto de romper sobre todos nosotros.

Ante esta reacción tan deprimente, los dos hospitales que ya estamos con el agua al cuello comenzamos a pedir ayuda informal a médicos de otras comunidades autónomas donde aún no se han registrado casos de coronavirus. Lo intentamos de todas las formas posibles: contactando con amigos, viejos compañeros de facultad, parientes, gente que nos debe dinero... Suplicamos y amenazamos hasta que nos toca asumir que poca gente va a querer trasladarse por amor al arte al epicentro del coronavirus en España.

Así que, tras sugerírselo a la gerencia de nuestro hospital, esta decide ofrecer un incentivo económico a quien se incorpore a nuestro equipo. Sin embargo, ni con ese cebo conseguimos que venga nadie de Madrid. A cambio, sí que logramos refuerzos de hospitales de otros puntos de España que pertenecen al mismo grupo sanitario que el mío. Concretamente se suman a nuestra unidad un equipo de enfermeras de Vigo y personal de Torrevieja y Alicante.

En el momento en que vemos aparecer por la puerta a todos aquellos corazones generosos nos sentimos como los acorralados en un desfiladero al escuchar la corneta del Séptimo de Caballería. En nuestra celebración solo nos falta disparar al aire, y no lo hacemos porque en los hospitales la etiqueta con las armas de fuego es muy restrictiva.

A pesar de estos apoyos, cada vez nos encontramos más estresados por las nefastas perspectivas. Incluso las primeras noticias positivas que nos llegan resultan positivas solo a medias. Es lo que pensamos al ver un vídeo grabado en otro hospital de Madrid en donde extuban a su primer paciente con SARS-CoV2. Hasta hace unos días, la extubación era un procedimiento rutinario en una UCI pero, teniendo en cuenta que cada enfermo de coronavirus pasa más de tres semanas con ventilador, se van convirtiendo en algo tan infrecuente que se celebran como el gol de Iniesta en la final de Sudáfrica. Lo que ocurre es que el caso que circula en vídeo es excepcional porque el paciente se recuperó extraordinariamente rápido; a nosotros nos martiriza saber que aún tardaremos semanas en ver al primer extubado. Nuestras camas ahora están ocupadas por pacientes de larga estancia que se convierten en parte de nuestro paisaje cotidiano. El problema es que cada vez son más y más.

Aun así, por el momento nos sentimos seguros. Es evidente que echo de menos los tiempos en que caminaba por la UCI sin llevar en la boca esta mascarilla que parece un embudo con un tapón en la punta, pero doy gracias al alto nivel de protección que ofrecen los equipos de protección integral. Las FFP3 pueden provocar dolor de cabeza a causa de los esfuerzos que requiere respirar con ellas, pero racionalmente sé que tengo menos posibilidades de contagiarme que cualquier persona que se detenga por la calle a charlar con un familiar de mis pacientes.

Eso no impide que los trabajadores del hospital comencemos a recluirnos en nosotros mismos. Al terminar el turno me doy una ducha esterilizante en los vestuarios y regreso a casa, donde duermen mis hijas las noches en que les toca quedarse conmigo. Sin embargo, fuera de ese mínimo contacto humano voy cortando vínculos, reduciendo a lo esencial el trato físico con mi madre y mis hermanos, hasta que lo freno del todo.

La sensación de que nuestra vida está patas arriba se desborda cuando la Comunidad de Madrid anuncia el cierre de los colegios el 11 de marzo. La medida es un golpe para la normalidad de todas las familias con hijos, pero ya estaba tardando en llegar. El mismo día en que se comunica, la Dirección General de Salud Pública revela que ya tenemos 436 casos de coronavirus en la Comunidad, es decir, más del doble que veinticuatro horas antes. La lista de fallecidos asciende a 16.

Mi exmujer también es sanitaria, por lo que cuando clausuran los colegios comenzamos un complejo juego de malabarismos para cuadrar las necesidades de nuestras hijas y de nuestros respectivos trabajos. Afortunadamente, podemos apoyarnos en mis exsuegros. Son abuelos jóvenes con muy buena salud, y a eso se añade que tengo la firme sospecha de que ambos pasaron el virus a finales de febrero, cuando sufrieron un extraño cuadro de malestar que coincidió con las fechas en que el SARS-CoV2 llegó a nuestra zona. Así que, en un ejercicio de optimismo interesado, me aferro a la esperanza de que todos podemos salir bien de esto.

Además, siempre hay momentos de reconciliación con el mundo. Llego a casa después de un turno plagado de malas noticias y recibo un mensaje de Vanesa. Vanesa es la madre de un compañero de clase de mi hija Carla, que creo que a estas alturas ya va quedando claro que es uno de mis grandes vectores de integración social en Collado Villalba, el pueblo donde vivimos. Vanesa tenía antes una empresa de comida a domicilio y es una cocinera excelente. En su mensaje me anuncia que ha preparado unos *brownies* para los héroes del coronavirus.

Le doy las gracias, y su expareja, Carlos, se acerca a traerme los dulces. Ya lo ha hecho varias veces desde que se corrió la voz de que en mi hospital tenemos ciertos problemillas con la enfermedad de moda. Muchos vecinos me muestran su solidaridad, aunque van tomando distancias físicas comprensibles. Carlos bromea con eso cada vez que llega cargado de *muffins*, cruasanes o galletas y me los pasa por encima de la verja del jardín como si estuviera alimentando a un pato o a un leproso de un lazareto:

—Toma, cabrón, pero no me toques, que me infectas.

Una de esas noches le rozo la mano sin querer y empieza a gritar entre carcajadas:

—¡Me voy a amputar la mano! ¡Me lo vas a pegar!

No me lo tomo a mal. Se burla un poco de mí, pero a cambio a la mañana siguiente me puedo pegar el lujo de llegar al hospital y dejar la bandeja de *brownies* sobre la mesa con aire triunfal:

—Traigo desayuno para todos.

Cuando nos terminamos sus creaciones reposteras, llamo a Vanesa para devolverle la bandeja, pero ella me responde que es vieja y me invita a quedármela. A estas alturas ya no me sorprende que nadie quiera nada procedente de la UCI del coronavirus.

7

ANFIELD

Las niñas están orgullosas de que sus padres trabajen en la sanidad. Llevan días preguntando por ese virus del que oyen hablar en la televisión, pero su interés se dispara cuando se enteran de que van a dejar de ir al colegio gracias a él.

Pero la felicidad no puede ser completa.

—¿Ese no es el virus que estaba en el hospital de papá? —preguntan.

Son asuntos espinosos, pero prefiero hablarlos con ellas. Les explico que lo más probable es que no nos pase nada, pero no me parece buena idea edulcorarles las cosas. La realidad está ahí, y en cualquier momento nos puede saltar a la cara. Tampoco sirve de nada negar lo evidente, que es que mucha gente va a morir por culpa de esto, y entre ellos habrá seres queridos, conocidos del pueblo y parientes de sus amigos.

Nunca les he escatimado informaciones sobre la muerte porque considero que el fin es una parte de la vida con la que tienen que estar familiarizadas. Los tabús solo enrarecen las cosas. Eso no significa que resulte sencillo mantener este tipo de conversaciones con dos niñas, por muy maduras que las vea ya. En cualquier caso, he de confesar que tampoco les cuento toda la verdad. La verdad sobre la enfermedad y sus posibles consecuencias sí, pero no toda la verdad sobre lo que pasa por mi cabeza.

Es algo que también me cuesta admitir ante mí mismo. Soy médico y estoy acostumbrado a lidiar con la enfermedad, pero reconozco que esta situación me está afectando más de lo que había pensado. Intento esconderlo con bromas, pero en algunos momentos no puedo negar que siento inquietud. No recuerdo una incertidumbre parecida desde un accidente que tuve hace años y que todavía me produce escalofríos recordar.

Ese día estaba canalizando una vía central a un paciente que venía de la cárcel. El trato con reclusos y detenidos es una circunstancia relativamente frecuente para un sanitario, porque la enfermedad es lo más democrático del mundo y nos termina afectando a todos, independientemente de nuestro currículo en la vida. Como médicos, nunca nos afectan las circunstancias personales del paciente, que para nosotros es únicamente una persona que sufre y necesita atención; aunque a veces he de reconocer que me he visto envuelto en situaciones abrumadoras, como cuando me ha tocado atender a sicarios que llegaban al hospital con una nutrida escolta policial porque estaban amenazados de muerte y se temía que atentaran contra ellos aprovechando su salida de prisión.

En este caso a mi paciente no lo rodeaba ningún halo de peligro similar: solo era un enfermo de diabetes con hepatitis C y VIH activo al que le habían amputado brazos y piernas y necesitaba frecuentes cuidados. Mientras yo le canalizaba un catéter central, un compañero cirujano llegó a mis espaldas, me hizo unas preguntas, yo me despisté y me pinché en la mano. Aunque más que pincharme, lo que hice fue atravesarme la palma con aquella enorme aguja que acababa de sacar de la vena del paciente.

Nada más ensartarme me quedé congelado, consciente de la potencial carga viral de hepatitis y VIH que acababa de inyectar en mi cuerpo. No era capaz de reaccionar. Lo único que hacía era pensar en mis hijas, que por entonces eran muy pequeñas. Afortunadamente, Diego, el compañero que estaba conmigo en el turno, tomó el control de la situación. Me hizo lavarme la mano en profundidad y llamó a medicina interna para que me dieran tratamiento antirretroviral y me hicieran varias analíticas.

Como consecuencia del accidente estuve un mes tomando lopinavir, que casualmente se usa ahora contra el coronavirus, y que da unas pesadillas terroríficas, produce alteraciones digestivas y un sabor metálico que no te abandona la boca en todo el día. Desde entonces estoy obligado a hacerme una analítica de VIH anual, pero me considero más que afortunado porque siempre doy negativo.

Lo que recuerdo vivamente de esa experiencia es la sensación de estar exponiendo a mi familia a una situación comprometida por culpa de mi trabajo. Al mismo tiempo, gracias a ese precedente creo que, dentro de la vulnerabilidad que he admitido, sobrellevo mejor que otros compañeros el miedo a contagiar a mis seres queridos. Sabemos que los equipos de protección integral son muy seguros y tomamos todas las precauciones recomendadas, pero para muchos colegas esa responsabilidad está suponiendo una losa que les roba el sueño. Es terrible pensar que tus padres o tu pareja pueden contraer una enfermedad gravísima a causa de cualquier situación desafortunada relacionada con la profesión que tú has decidido ejercer.

Sé que para evitar que algo así vuelva a suceder lo más seguro es confinarme de forma voluntaria, dejar a mis hijas con su madre, bajar las persianas de mi casa y convertirme en un ermitaño hasta que esto termine, pero ese sacrificio no tiene sentido mientras mi exposición al virus continúe siendo objetivamente baja. Especialmente, porque no sabemos en qué momento terminará esto ni hasta dónde puede llegar. ¿Cuál es el plan? ¿Pasar así un mes, un año? ¿Mi exposición al coronavirus será más baja en verano, el próximo invierno? Cuando uno se dedica a la medicina intensiva, una de las cosas que aprende es a evitar el encarnizamiento, así que decido dejar que los acontecimientos sigan evolucionando antes de tomar decisiones autolesivas.

Eso, por supuesto, no significa que no renuncie a cosas que son importantes para mí.

El 11 de marzo juega el Atlético de Madrid en Liverpool, y la peña de Collado Villalba Nunca dejes de creer, de la que soy miembro activo, organiza una quedada para ver el partido. Es el encuentro más importante de una temporada que, hasta el momento, no está saliendo demasiado bien. El Atleti ganó 1-0 en la ida en Madrid. En el mítico estadio de Anfield espera el Liverpool de Jürgen Klopp, actuales campeones de la Champions League. Los ingleses van a dejarse la piel para conseguir la remontada. Una pelea a cara de perro de las que dan sentido a una vida atlética. Un partido que solo se juega una vez cada muchos años.

Un partido que voy a tener que ver solo.

Me debato en mi casa como un jabalí enjaulado. Para entonces el virus se ha convertido en una obsesión y sé que no es de recibo pasearme por Villalba abrazando a extraños y llorando en su hombro (si perdemos) o abrazando a extraños y llorando en su hombro (si ganamos). Además, prefiero evitar la incomodidad que puede ocasionar entre mis compañeros encontrarse con un médico que saben que ha estado expuesto a la enfermedad. ¿Qué van a sentir si dentro de tres días enferma uno de sus familiares, aunque no tenga nada que ver conmigo? Con todo el dolor de mi corazón, aviso a Pedro, el presidente de la peña:

—Lo siento mucho, pero no voy a ir.

—Gabi, no fastidies —me responde espantado—. En Anfield, contra el Liverpool. La Champions. Un partido que solo se juega una vez cada muchos años...

—Ya, ya. Lo sé, lo sé.

No existen certezas sobre el virus y no hay ninguna recomendación del Ministerio de Sanidad al respecto. Anfield va a estar lleno de hinchas españoles y a todo el mundo le ha parecido una idea fantástica. Por el contrario, yo sé en ese momento que no tengo la enfermedad y estoy más controlado que cualquier otro habitante del país. ¿Voy a ser más papista que el Papa? Intento engañarme a mí mismo, pero entonces pienso en Julio en la UCI, conectado a un ventilador mientras sus hijos esperan un milagro. Suspiro.

Bromeo un poco más y cuelgo:

—No voy a ir porque no me fío de vosotros. A ver si alguno me pega algo raro.

Así que me siento en el sofá, enciendo el televisor y espero que empiece el partido solo en mi casa. Quiero dejar claro que no soy un forofo al uso. Estás leyendo el testimonio de una de las personas que mejor conoce los entresijos del antiguo y mítico estadio Vicente Calderón. De niño fui socio, pero mi inmersión más profunda en el mundo rojiblanco tuvo lugar durante la etapa en la que fui uno de aquellos «chicos de la Cruz Roja», a partir de los dieciséis años. Me pagaron un curso de técnico de ambulancia y a cambio trabajaba como voluntario en aquellas ambulancias rojiblancas, conciertos de Extremoduro y los fines de semana en el Vicente Calderón: una auténtica pesadilla. En cada partido me ponían al lado del banquillo o me daban un botiquín para que me recorriese el estadio. Gracias a eso alcancé la cima de mi carrera como voluntario el día en que saqué del campo en camilla a Ronaldo Nazario de Lima. A cambio, también me tocó transportar en ambulancia a los heridos de más de un accidente de tráfico, pero aquella fue una experiencia que me fue muy útil en los inicios de mi carrera: cuando mis compañeros no habían disecado ni una rana, yo había visto todas las atrocidades de la M-30.

Hundido en un humor melancólico que me impulsa revivir este tipo de batallitas que no le interesan a nadie, me veo el partido entero, comiéndome las uñas en silencio y levantándome a celebrar los goles de Llorente como si no hubiera un mañana.

En cuanto el árbitro pita el final, llorando por la emoción de la victoria, llamo a los compañeros de la peña. Por supuesto, al otro lado de la línea me encuentro a una pandilla de locos felices que empiezan a reclamar la presencia de otro rojiblanco más, cualquier rojiblanco más, para apoyarlos en su plan de quemar Villalba:

—¡Vente a los *gin-tonics*, Gabi! ¡Esto ha sido la hostia!

Apenas puedo entender sus berridos de alegría, pero sé que insisten sin compasión. A las once de la noche, después de una prórroga llena de nerviosismo, muchas cervezas y una inyección de adrenalina final, a cualquier atlético decente le importa un bledo la carga viral.

—¡Vente, Gabi! ¡No te hagas de rogar!

Tan cabizbajo como si nos hubieran metido cinco goles (mentira), me voy a la cama. Una noche en solitario viendo la televisión: ese ha sido mi plan estrella después de una semana infernal y a las puertas de otra semana infernal. No me puedo quejar. El Atleti se ha clasificado para cuartos de la Champions League. Antes de dormirme, hago cuentas y repaso los equipos que van a pasar de ronda y los posibles cruces. En todas las combinaciones el Atleti me sale como próximo campeón de Europa. Ya nadie nos volverá a llamar «el Pupas».

¿Qué podría ocurrir para impedirlo? ¿Una pandemia mundial?

8

ESTADO DE ALARMA

El virus no deja de desconcertarnos. Su campo de acción sigue extendiéndose de forma impredecible. Con el paso de los días al hospital llegan pacientes cada vez más jóvenes. Me impactan especialmente dos casos, de diecinueve y treinta y cuatro años, con problemas respiratorios tan agudos que necesitarán ser trasladados para usar la máquina de ECMO.

La progresión de ingresos que mantenemos es insostenible, y el problema ya desborda mi centro para salpicar a todos los de Madrid, que despega como el gran foco nacional de la enfermedad. El 13 de marzo alcanza los 1.990 afectados y se ordena el cierre de todos los bares y cafeterías de la Comunidad, lo que no impide que al día siguiente se llegue a 2.940 casos y 86 fallecidos. Como era previsible, la estrategia de enterrar la cabeza bajo tierra no ha salido bien.

Pero más allá de Madrid, el riesgo de colapso de las UCI de todo el país se convierte en motivo de preocupación para los intensivistas, que no damos crédito a que sigan sin tomarse medidas más contundentes.

Como el único ámbito sobre el que seguimos teniendo control los médicos es el de nuestra vida personal, todos los que estamos en contacto con la enfermedad vamos recortando nuestra vida social con un empeño masoquista. En un gesto de desquite, yo además ordeno a mis hermanos que no dejen salir de casa a nuestra madre, que tiene una salud de hierro pero ochenta años.

La única cita que queda sin tachar en mi agenda es el viernes 13 de marzo, cuando tengo billetes para Granada, donde me espera Ruth, a la que no veo desde que me visitó dos semanas antes.

Ruth y yo estamos acostumbrados a la larga lista de incomodidades de una relación a distancia. A lo largo de los tres años que llevamos juntos nos hemos entrenado para vernos en las ventanas de oportunidad más estrechas. A veces en Madrid, a veces en Granada, pero también en todo tipo de destinos intermedios donde se celebre un congreso, yo tenga un curso o alguien organice una fiesta: Baleares, Galicia, Argentina, México... En alguna ocasión hemos llegado a viajar cuatrocientos kilómetros en coche para pasar juntos una sola tarde. Si aguantamos estas separaciones con buen humor es porque somos unos románticos y nos agarramos a la promesa de que un día nos desquitaremos y tendremos una casita baja frente al mar en El Palo de Málaga, donde practicaremos cada día nuestro deporte preferido: sentarnos en una terraza a comer un espeto de sardinas acompañado de una cerveza.

A la espera de que eso ocurra, nos hemos especializado en el equilibrismo en aeropuertos. Mi plan el 13 es plantarme en Granada después de hacer un triple mortal con las conexiones de vuelta de unos cursos que imparto en Palma de Mallorca. Las perspectivas para el fin de semana son prometedoras, porque el sábado tenemos entradas para ver un espectáculo de Faemino y Cansado al que nos acompañan mi hermana y mi cuñado, que bajan desde Madrid en coche deseosos de disfrutar de nuestros bares de referencia en el Albaicín.

Me aferro al proyecto porque necesito desesperadamente sacar la cabeza de la UCI para comprobar que en el mundo sigue habiendo algo que hacer distinto a pronar y supinar. Sin embargo, ante el cariz que toma la epidemia me vuelve a asaltar el síndrome de Anfield y anulo la excursión. Ruth lo comprende y lo encaja con sentido del humor, a pesar de que en Granada, con solo un contagio registrado, el coronavirus suene casi tan lejano como nos sonaban a nosotros las historias de Wuhan tres semanas antes. Su esperanza es que, con las malas comunicaciones que tiene la ciudad, ningún virus extranjero pueda llegar allí.

Cuando el mismo fin de semana en que yo renuncio a viajar a Granada el presidente, Pedro Sánchez, comparece en televisión para anunciar el estado de alarma, el sentimiento es contradictorio. Por un lado aprieto los puños celebrando que al fin se tomen medidas destinadas a frenar la sangría en los hospitales. Por otro, me doy cuenta de que voy a pasar mucho tiempo sin ver a Ruth.

Las siguientes horas van a continuar llenándose de paradojas. La primera consecuencia del estado de alarma no es precisamente positiva para mi UCI. En cuanto el presidente anuncia el cierre del país, nuestros nuevos compañeros de Vigo, Torrevieja y Alicante se despiden con un «ha sido un placer conoceros». La reacción es lógica, teniendo en cuenta que corren el riesgo de quedarse aislados en Madrid, desatendiendo a sus familias y a los enfermos y compañeros de sus hospitales de origen.

El mazazo que recibimos en mi UCI es importante porque, justo cuando la crisis está acercándose a su momento álgido, volvemos a quedarnos solos. Nos queda el consuelo de que nuestros visitantes han podido aprender en primera persona lo que sabemos sobre el coronavirus para aplicarlo en casa. A pesar del abrupto final, yo les sigo agradeciendo que respondieran cuando solicitamos ayuda, y les aseguro que pueden contar conmigo durante la próxima epidemia en la que necesiten un intensivista en Alicante o Vigo.

Leo y releo el decreto del Gobierno, que se aprueba en un Consejo de Ministros extraordinario, y se me aparece en él la solución a nuestros problemas. Dejando de lado el impacto inmediato que significa para mi UCI la marcha de los refuerzos, el estado de alarma nos lanza un salvavidas al establecer que todos los trabajadores sanitarios queden a las órdenes del Ministerio de Sanidad. Cada uno de los médicos, enfermeros y técnicos que trabajan para la sanidad española pasa a estar bajo las órdenes del Ministerio, y este se encarga de «determinar la mejor distribución en el territorio de todos los medios técnicos y personales». La interpretación más evidente es que los profesionales sanitarios podrán ser trasladados en función de las necesidades que marque la epidemia.

Al fin una medida solidaria y efectiva. Un mando único en Sanidad parece el mecanismo adecuado para frenar la competencia desencadenada entre comunidades autónomas afectadas de manera muy asimétrica. El trabajo conjunto permitirá coordinar las necesidades de camas de UCI y, por una vez, distribuir los recursos humanos y técnicos en función de las necesidades de la población y no de nuestro código postal, terminando con la locura de que en muchas unidades de cuidados intensivos del país queden camas vacías mientras que en otras los médicos deban decidir sobre la vida y la muerte de las personas.

Agarrándome a esa esperanza, el trago del confinamiento se hace más llevadero. Quizá soy un tipo mezquino, pero tengo la impresión de que, con todos los habitantes del país encerrados en sus casas, la enfermedad al fin deja de enfocarse como un problema exclusivo de los hospitales y se convierte en un asunto de la ciudadanía. Por la noche recibo cientos de vídeos emocionados con los primeros aplausos de vecinos en homenaje a los sanitarios. El más bonito, por supuesto, me llega desde Granada.

9

ADIÓS, WHATSAPP

El domingo 15 de marzo me ofrezco para una guardia extra de veinticuatro horas. Nos toca repartirnos el trabajo entre dos médicos intensivistas. Debemos pasar todo el día y toda la noche solos a cargo de una cantidad de trabajo que se ha vuelto inasumible, porque ya no hablamos solo de las dieciséis camas de nuestra unidad ocupadas por casos de coronavirus, sino que hemos empezado a utilizar otras zonas del hospital para reubicar pacientes de cuidados intensivos.

Reviso las notas que me han dejado los compañeros del turno anterior y me preparo para explorar a los pacientes. Cada exploración puede alargarse hasta una hora, y es difícil librarse de interrupciones del resto de las unidades del hospital durante una hora completa cuando estás casi solo. Por eso el trabajo de fin de semana requiere estar muy concentrado e ir a lo esencial, porque en cualquier instante sonará el busca con una llamada de urgencias o de la planta, y en ese momento toda la planificación habrá saltado por los aires.

Desgraciadamente, no parece que hoy sea el mejor día para concentrarse. Son las once de la mañana, estoy sentado en mi escritorio y mi teléfono privado no para de vibrar. El 95 % de los mensajes son memes sobre el coronavirus. Para la mayoría de mis contactos aún es una curiosa novedad y no tienen una idea clara de lo que estamos viviendo en los hospitales. Sé que dentro de poco eso cambiará y aprenderán los sacrificios que implica aplanar la curva de contagios, pero a mí la situación ya hace tiempo que dejó de parecerme graciosa.

El teléfono vibra.

Más fotos de murciélagos.

Unos africanos que bailan con un ataúd al ritmo de música electrónica.

Mira qué máscaras más ridículas se ponen los chinos.

La tecnología es maravillosa y no sé cómo podría sobrevivir sin mensajería instantánea un individuo hipersocial como yo, con dos hijas que viven con su madre y una pareja en la otra punta de España, pero el WhatsApp durante esta crisis se está volviendo una auténtica tortura. Miro cuántos contactos tengo y me doy cuenta de que a lo mejor es culpa mía por no haber sido más selectivo: acumulo 1.813 números en la agenda, y cada uno me pesa como una piedra al cuello. Cuando no son bromas, el teléfono vuelve a encabritarse con una consulta médica para un primo lejano, o avisándome de que me ha llegado otra noticia catastrofista que alguien considera que tengo que leer urgentemente.

Por eso, asumo que ha llegado el momento. Cojo el teléfono y escribo un mensaje genérico para todos mis grupos de WhatsApp:

«Lo siento mucho, amigos. Que nadie se lo tome mal, pero tengo demasiado trabajo estos días. No sé si habéis oído hablar de un bicho que se pasea por ahí. Ya volveré cuando esto termine, pero ahora es imposible. Cuidaos todos. Muchos besos».

Dejo el teléfono sobre la mesa con un gruñido y sigo trabajando. Me temo que, hasta que cada familia no tenga un muerto en casa, no se nos quitarán las ganas de hacer chistes con el virus. Que nadie me malinterprete: soy todo menos un defensor de lo políticamente correcto pero, por favor, dejad de reenviarme basura. De hecho, soy un apasionado defensor del humor negro, como buen médico. No en vano *La Casa de Dios*, de Samuel Shem, es una obra de culto en la profesión. Yo la leí en cuarto de Medicina, al inicio de mis prácticas en un hospital. Es uno de esos libros con los que te topas en el momento apropiado, justo cuando lo que quiere contarte el escritor se alinea con tus experiencias y tu visión de la vida.

Para quien no la conozca, *La Casa de Dios* es una novela que recoge las salvajes aventuras de un grupo de licenciados de las facultades más destacadas de Medicina estadounidenses durante el año de prácticas que comparten en uno de los hospitales más elitistas de Boston. A lo largo de su residencia los protagonistas aprenderán mucho de medicina, pero también sobre la impostura médica y la melancolía de las causas perdidas.

Cada día al llegar a casa me moría de risa leyendo los disparates que le ocurrían en su hospital a Roy Basch, el narrador y protagonista del libro, y reconocía en ellos las experiencias que estaba viviendo en mis propias prácticas, los encuentros desternillantes y dramáticos con los pacientes, y el conflicto entre la vida y la muerte que enloquece a los que no logran asumir la realidad.

Con los años, he desarrollado la teoría de que los médicos apreciamos el humor salvaje precisamente por su capacidad para recordarnos que, en los momentos de mayor dolor, la vida encuentra en el desenfreno y la locura su mejor válvula de escape. Por eso, en instantes de ofuscación regresan a mi cabeza las aventuras de Roy Basch. Aunque la verdad es que a él me cuesta imaginarlo viviendo esta crisis que nos toca atravesar ahora; él no podría haber sobrevivido con guantes de látex y gafas de buzo.

Todo esto lo pienso mientras compruebo que mi teléfono no vuelve a vibrar tras la purga de chats. Solo he conservado los grupos familiares, los del trabajo y alguno que se ha vuelto clave en mi rutina, como el de LIVEN, el Latin American Intensive Care Network. Dentro de ese chat es donde intercambio toneladas de información sobre el coronavirus con los compañeros de toda América Latina y con Maurizio Cecconi, presidente de la Sociedad Europea de Cuidados Intensivos. Maurizio es un italiano encantador que habla a la perfección español y tiene un hermano cardiólogo en Madrid. Eso lo hace estar especialmente informado sobre nuestra situación, mientras me mantiene a mí al día de las atrocidades que nos esperan a los españoles a medida que avance la enfermedad. Cuando tenemos el primer caso en mi hospital, Maurizio es el primero en darme consejos; y a medida que las peores previsiones se van cumpliendo, yo confirmo todo lo que nos ha enseñado y hago pequeñas aportaciones que espero que sean de utilidad para los compañeros latinoamericanos que comparten chat con los jinetes del Apocalipsis europeos.

Esta cooperación es una de las cosas más enriquecedoras que nos deja la crisis. La comunidad de los especialistas en cuidados intensivos es pequeña, y el SARS-CoV2 ha estrechado los vínculos. Los intensivistas españoles hablamos continuamente con nuestros colegas de todo el mundo, tanto para informarnos sobre aspectos desconocidos de la enfermedad como para divulgar los descubrimientos que cada uno va haciendo en su día a día. Los consejos que llegan de profesionales de Italia y China a veces son más técnicos, y en otras ocasiones más humanos, como la recomendación de dosificar esfuerzos y no castigarse por los fracasos, porque esta crisis es un maratón no apto para el corazón ligero de los velocistas.

En este tipo de foros se agradece la oportunidad de hablar con rigor de temas tan importantes. Por oposición, muchos debates en los medios de comunicación me producen úlcera. A veces los periodistas no se dan cuenta de que con algunas polémicas generan un estrés social innecesario. El caso más claro es el de los triajes de enfermos y el uso de ventiladores.

La raíz de esa controversia está en un reportaje que describe que los servicios de emergencia de Lombardía han colapsado hasta el punto de que han comenzado a retirar ventiladores a pacientes mayores de sesenta y cinco años. Este titular se intenta trasladar al caso de España estableciendo un paralelismo con nuestras unidades de cuidados intensivos. Cada vez que cruzo frente al televisor de un paciente, me encuentro con que en los rótulos de los programas de debates aparecen sobreimpresas afirmaciones escandalosas sobre un supuesto proyecto de introducir una edad máxima para el uso de ventiladores. Todos los contertulios se desgañitan para decir algo sobre el tema, pero ninguno sabe de qué está hablando.

Esta polémica deriva del desconocimiento más absoluto sobre el trabajo que se desempeña en una UCI. Sin necesidad de ningún protocolo oficial, los intensivistas ya tomamos a diario decisiones sobre quién puede beneficiarse de nuestros métodos, que son tremendamente agresivos y muy poco útiles en determinados supuestos. En medicina siempre nos guiamos por el principio de proporcionalidad de los tratamientos, que implica que debemos recurrir a la técnica más apropiada para ayudar al paciente, sin incurrir en excesos que afecten a su capacidad para restablecerse o vivir con dignidad. Las máquinas permiten hacer muchas cosas, pero que sean posibles no significa que siempre contribuyan al bienestar del paciente. Por lo tanto, a veces debemos renunciar a ellas.

Con el SARS-CoV2 y los titulares escandalosos sobre ventiladores, el gran público parece haber descubierto esta realidad, y eso me parece positivo. Lo que me enfada es que haya políticos que se sitúen frente a una cámara y pontifiquen sobre cómo deben actuar los médicos en situaciones que no se han tomado el tiempo de estudiar. Ningún cargo público va a tener la mala suerte de encontrarse a pie de cama explicándole a una familia con qué criterio se estima o se desestima el ingreso de su ser querido en una UCI y, por tanto, no deberían contribuir a generar falsas expectativas sobre lo que se puede esperar de los hospitales.

En medicina intensiva nuestra máxima aspiración es que alguien con una enfermedad potencialmente reversible regrese a la situación previa a su entrada en la UCI. Por eso, no todos los enfermos pueden o deben ingresar en una unidad de cuidados intensivos; y el único criterio no es la edad. Una persona de cuarenta años con un linfoma de alto grado en situación terminal no debe hacerlo porque no hay posibilidad de salvarle la vida. En la UCI podemos conectarla a todas las máquinas necesarias para suplir sus fracasos orgánicos, pero nunca curaremos su cáncer, así que lo deseable es que permanezca en una unidad donde no sufra una experiencia tan traumática y pueda fallecer con el mejor tratamiento y la mayor calidad de vida posible.

Este ejemplo lo podemos aplicar al caso de un enfermo que esté camino de desarrollar una fibrosis pulmonar, una de las secuelas que se sufren como consecuencia del coronavirus. El problema de estos pacientes es que necesitan un pulmón nuevo; el ventilador mecánico puede cumplir esa función hasta que llegue un órgano de repuesto, pero una persona de setenta años nunca será candidata a una cirugía de trasplante de pulmón, por lo cual ponerle un ventilador significa enchufarla a una máquina de la que nunca podrá ser desconectada. En ese caso la UCI tampoco cumple su función, así que el tratamiento que podemos ofrecer allí no va a servir más que para eternizar la agonía. Por lo tanto, siguiendo el principio de proporcionalidad del tratamiento, es recomendable no someter al enfermo a esa experiencia traumática y usar esos recursos en otra persona que sí pueda beneficiarse de ellos.

Igual que recibimos de Italia informaciones impactantes sobre pacientes de sesenta y cinco años que mueren por falta de ventiladores, también nos llegan llamadas a la calma, pero esas no encuentran el mismo eco en los medios de comunicación. Por ejemplo, un médico de Regio de Calabria, Antonio Messina, firmó un artículo de gran éxito en su país titulado «Abuela, te quiero pero no te pondría en cuidados intensivos», en el que explica que el ingreso en la UCI es una prueba demasiado agresiva para personas como su abuela, que no tendría las fuerzas necesarias para pasar tres semanas allí.

Con esto no intento negar que el coronavirus esté empujando a situaciones extremas. Sé que a compañeros de otras UCI les ha tocado decidir si denegaban ingresos o retiraban ventiladores con criterios no exclusivamente médicos. Cuando un enfermo de cuarenta años, con muchas posibilidades de recuperarse, necesita un ventilador y en la UCI están todos ocupados por personas muy mayores, con escasas posibilidades de sobrevivir o de superar las terribles secuelas de una estancia prolongada en cuidados intensivos, los médicos se ven científica y deontológicamente obligados a hacer un examen clínico de cada paciente y tomar una decisión. En el fondo, siempre es necesaria una reevaluación constante de la condición de los pacientes, pero resulta conflictivo que sea la escasez de medios la que obligue a efectuarla: eso nos lleva a sentirnos esclavos de las circunstancias, precipitando decisiones que deberían haber seguido otro curso, pero que continúan siendo parte de nuestro trabajo y que, en última instancia, ejemplifican por qué la profesión de intensivista implica un gran nivel de estrés.

Una vez solucionados los problemas con mi WhatsApp, la mejor noticia de la guardia es que aparecen los compañeros del Servicio de Urgencias Médicas de la Comunidad de Madrid (SUMMA) porque otro hospital nos acepta un traslado para un paciente que necesita conectarse al ECMO. La razón de este milagro es que, desde hace unos días, los centros grandes han abierto la mano. A estas alturas el virus está en todas partes y han comprendido que no tiene sentido continuar atrincherándose. Al fin se ha instituido un circuito único para trasladar pacientes, y este es el primero de los dos movimientos que tenemos previstos hoy.

Cuando veo los equipos de protección individual de los compañeros del SUMMA me quedo maravillado. Son unos monos integrales que dejan nuestras batas y nuestras mascarillas a la altura del betún. Mientras se empiezan a vestir poniéndose capas y capas, les pido que me dejen sacarles una foto cuando hayan terminado. Ellos se lo toman con filosofía, porque deben de recibir la misma petición en todos los hospitales por los que pasan y se encuentran con sanitarios envidiosos.

Hacemos la foto y continuamos con nuestro ritmo frenético. Son estos pequeños momentos los que ayudan a soportar los picos de estrés que vivimos cada vez que un monitor indica que un paciente ha entrado en crisis, la familia rompe en llantos y nos despedimos con frustración de otra persona que se apaga.

Esa noche perdemos a un paciente. No es fácil hacerse a la idea de cómo se vive en un trabajo donde la muerte se ha convertido en la norma. Podemos verlo así, o pensar que veinticuatro personas que estaban a nuestro cuidado han terminado la guardia vivas y se encuentran un día más cerca de su recuperación. En el momento en el que le doy el relevo a los compañeros de la mañana, dieciséis siguen en la UCI, seis más están ingresadas en las salas que hemos empezado a utilizar como ampliaciones de cuidados intensivos, y otras dos descansan en un hospital en el que pueden darles el tratamiento que necesitan.

Esa cuenta revela que estamos trabajando nueve pacientes por encima de nuestras capacidades máximas. Cada médico se ocupa de doce monitores, doce ventiladores, doce tratamientos, doce vidas.

Después de otra jornada extenuante me ducho y salgo al fresco de la mañana. Nada más poner el pie en el exterior, me detengo y respiro con toda la fuerza de mis pulmones para llenarme el pecho de aire limpio. Quizás el aparcamiento de mi hospital no sea el sitio más bonito del mundo, pero a mí en este momento me parece el jardín del Edén. Tomo una última bocanada del delicioso aire contaminado de Madrid y me subo al coche para conducir los setenta kilómetros que me separan de la cama.

10

UNA CARRERA DE SACRIFICIOS

Facultad de Medicina de Alcalá, curso de 1995. Aunque pasen cien años, seguirá siendo imposible olvidar mi primera clase de Anatomía I. El catedrático era el doctor Gómez-Pellico, un señor muy mayor, que decidió alegrarles el inicio de curso a sus nuevos ciento cincuenta alumnos.

—Enhorabuena porque van a ser todos médicos y eso es lo que ustedes están soñando en este momento, pero les tengo que dar un par de datos. El primero es que, en el mejor de los casos, para ser licenciados van a invertir seis años de sus vidas. Esos seis años no les van a servir de nada porque no pueden ejercer sin hacer el examen MIR para elegir la especialidad. Si ustedes son listos, y tienen cara de serlo, más o menos, aprobarán el examen a la primera, después de dedicarle doce horas diarias de estudio durante un año. Entonces comenzarán la residencia y, dependiendo de lo que elijan, estarán tres, cuatro o cinco años residiendo literalmente dentro de un hospital, porque esa es la razón de que se llame residencia. Cuando la terminen, y estamos hablando de unos doce años desde que comenzaron la carrera en el caso de que sean realmente listos, tengan presente que seguirán sin tener nada atado en sus vidas. Será el momento de intentar que alguien los contrate. Ya más adelante se les presentará la oportunidad de prepararse un examen para tener una plaza fija mientras trabajan, hacen guardias y cuidan de su familia, porque las oposiciones en Medicina salen cada diez años. Por todo esto, es muy probable que no tengan la vida encaminada antes de los cuarenta y cinco años.

Tengo que reconocer que el doctor Gómez-Pellico no nos engañaba cuando nos describía lo que nos esperaba. El problema es que entonces yo no era alguien dispuesto a escuchar consejos, sino un tierno estudiante cuya máxima ambición consistía en ganar las partidas de mus que jugábamos en el tren camino de Alcalá.

También era una persona mucho más idealista que ahora. A veces me pregunto qué pasaría si eligiéramos nuestra carrera no con dieciocho años, sino con el carácter y la experiencia de una persona de cuarenta. ¿El mundo sería un lugar mejor? No lo sé, pero sí apuesto a que habría menos médicos.

Llevo veinte años sin pasar la Nochevieja en casa, con mi familia y amigos. Me dedico a encadenar guardias, tengo horarios espantosos, he conocido todos los estados de la precariedad laboral... Sin embargo, esas son características comunes a muchos trabajos, así que no voy a quejarme por el destino que comparto con tantos ciudadanos. Lo que sí puedo garantizar es que hay una serie de deliciosas vivencias que son exclusivas de los médicos y que vamos aprendiendo a paladear desde que empezamos la residencia.

Igual que no se me olvidará nunca la clase inaugural del doctor Gómez-Pellico, recuerdo la primera vez que me pregunté: «¿Dónde me he metido? ¿De verdad que esto va a ser así toda mi vida?». Fue a las cinco de la mañana en una noche de guardia. Yo intentaba descansar un poco, pero una señora entró por la puerta de urgencias muy alterada y me explicó que llevaba la tarde entera con los pies azules y no recuperaban su color habitual.

—¿Ha ido a la piscina hoy? —le pregunté.

—Sí —me respondió—. ¿Por qué?

—¿Llevaba unas sandalias azules?

La señora me miraba llena de admiración, convencida de haberse topado en aquella mortecina sala de urgencias con el propio Sherlock Holmes, que podrá salvarla del terrible colapso circulatorio que está sufriendo. Yo me limité a recomendarle que se lavara los pies y regresé a la sala de descanso a intentar echarme una cabezada en una cama caliente mientras maldecía a la especie humana.

El problema con experiencias de este tipo no es que a lo largo de tu carrera nos cuesten una cantidad incalculable de horas de sueño, sino que van haciendo cimentar en la mente de los médicos la idea de que demasiados ciudadanos tienen una conciencia muy escasa de lo que representa un sistema de salud universal y gratuito. Y una vez asumida esa íntima derrota, todo se vuelve más complicado. Por eso, muchos médicos no parecen personas precisamente felices: sienten que están haciendo un gran esfuerzo personal que la sociedad no aprecia. No debería de ser así: todos tendríamos que entender que nuestra sanidad es un bien preciadísimo, tremendamente caro y frágil, y que si no la utilizamos bien y nos plantamos en urgencias con los pies manchados de colorante azul, estamos mandándole un mensaje muy deprimente a los profesionales.

¿Por qué cuento todo esto? No sé, supongo que es porque vuelvo a estar de guardia, alguien ha convocado de nuevo el Juego de Pronos y yo ya no sé dónde meterme.

Siguiendo la rutina de cambios de posturas cada dieciséis horas, son las siete de la mañana y en este momento nos disponemos a darles la vuelta a los pacientes de la planta. A fin de cuentas, solo llevamos veintitrés horas aquí y no nos ha dado tiempo de comenzar antes porque cada guardia parece el doble de complicada que la anterior. Dentro de una hora llega el relevo, y como traca final hoy vamos a alcanzar nuestro récord: quince pronos. Nos ponemos los equipos de protección individual y, acompañados de un celador y una enfermera, el otro médico y yo comenzamos a girar a los pacientes.

Un pronado se puede soportar. Son unos cuantos kilos, pero yo tampoco soy un hombre pequeño. En el segundo se empieza a notar el esfuerzo, y tampoco se puede hacer de cualquier manera; al contrario, hace falta tomarse un tiempo para asegurar muy bien el tubo en la garganta y que no haya accidentes. El tercero ya cuesta. En el cuarto te entra la risa floja…

En cualquier caso, esta experiencia también nos está sirviendo para tomar conciencia del ritmo al que va engordando la población española. Una parte considerable de nuestros pacientes están entre los 90 y los 150 kilos. Es difícil determinar si la obesidad es un factor de riesgo en el SARS-CoV2. Hay demasiadas incógnitas alrededor de la enfermedad, pero al cebarse en varones y de una cierta edad, la proporción de pacientes con sobrepeso aumenta mucho.

Sea como sea, en el séptimo paciente ya queremos acurrucarnos en el suelo y echarnos a llorar. ¿Para esto doce años de carrera? Las palabras del doctor Gómez-Pellico resuenan en mi cabeza como una maldición, aunque tampoco quiero atribuirle poderes de adivino, porque ni él ni nadie imaginaba esto: una pandemia bate todos los récords en cuanto a malas pasadas para un médico.

Ni siquiera la experiencia de los atentados del 11 de marzo de 2004 se acerca en términos de desgaste anímico. En esa época yo trabajaba de residente de segundo año en el hospital de Leganés, pero toda la sanidad madrileña se puso a disposición de las víctimas, cambiando turnos, reforzando servicios y desplazando profesionales.

Del 11-M solo puedo decir una obviedad: que un atentado es algo que no quieres vivir como víctima, por supuesto, pero tampoco como testigo ni como médico. El nivel de horror y caos es indescriptible, el desgarro emocional es tremendo, pero en el lado práctico es justo lo contrario de lo que nos avisaban nuestros compañeros de China e Italia: se trata de un esprint, un momento de esfuerzo sobrehumano, pero que no tiene comparación con el desgaste continuo que representa el maratón que estamos corriendo estos días.

A este respecto, es muy importante pensar que los heridos de un atentado no tienen la capacidad de contagiar: los pacientes que entran en el momento del atentado son los que vas a tener, no se van a multiplicar, y sabes que tú no vas a contaminarte, por lo que los protocolos son menos restrictivos y puedes trabajar de forma más rápida y eficaz. El contacto con ellos es inmediato, y más humano. La piel te hace recordar quién eres y para qué estás allí. Una de las circunstancias más desesperantes de la infección por coronavirus es la distancia emocional que impone la asepsia del látex. El miedo a exponerse demasiado a las secreciones despersonaliza el trato.

Justo antes de que llegue el relevo terminamos de pronar al último paciente, nos deshacemos de todo el equipamiento y nos desinfectamos. Estamos sin aliento, pero intercambiamos una sonrisa cómplice entre los miembros del equipo.

Auxiliares, enfermeras, celadores y médicos intensivistas compartimos momentos de gran alegría y tristeza. Una de las razones por las que me gustan las UCI es que funcionan como un pequeño mundo paralelo. Pueden ser extenuantes, pero en momentos como este, en el pasaje mágico que cabalga entre la noche y la mañana, las interferencias del exterior son mínimas. Con muy pocas personas nos bastamos para conseguir que un lugar tan especial fluya solo, siguiendo nuestras propias normas. Son breves instantes en que te sientes dentro de un pequeño barco flotando en el mar. Aunque sepamos que se trata solo de ese efímero momento de calma antes de la tormenta.

11

DESCENSO A LOS INFIERNOS

El 19 de marzo reorganizamos nuestro sistema de trabajo. La UCI se nos ha quedado definitivamente pequeña y solo alcanza para contener a la mitad de los pacientes de coronavirus que requieren cuidados intensivos, así que dividimos el equipo y nos repartimos entre los dos emplazamientos que vamos a utilizar a partir de ahora.

Nuestra UCI es una unidad moderna, integrada en un hospital de nueva construcción y que se diseñó siguiendo los patrones de lo que debe ser una unidad de cuidados intensivos centrada en el bienestar. Disfrutamos de un espacio amplio, con dieciséis habitaciones individuales de buen tamaño, un sillón para las visitas y abundante luz natural. Cada estancia está cerrada con tabiques, y los laterales y las puertas son de cristal para que el equipo no pierda de vista los monitores del paciente de la habitación de al lado.

Sin embargo, ese entorno de trabajo idílico se queda pequeño cuando los ingresos se disparan, así que no nos queda más remedio que reconvertir la unidad de recuperación postanestésica en una nueva sala de cuidados intensivos con capacidad para doce pacientes adicionales. El hospital demuestra buenos reflejos con ese movimiento pero, a pesar de todos sus esfuerzos, las circunstancias nos obligan a retroceder veinte años, volviendo al modelo de UCI abierta, donde los pacientes están expuestos a todas las miradas y el virus flota por el aire sin paredes que lo contengan.

La nueva UCI auxiliar, en lo que era la unidad postanestésica, es una gran sala cuadrada. A cada lado de la habitación se alinean seis camas separadas por paneles, y en el corazón se sitúa un islote con las mesas de enfermería, los monitores de seguimiento y los materiales sanitarios. Este espacio central queda parcialmente protegido por una mampara de cristal que irá cobrando un aspecto más humano gracias a las palabras de agradecimiento que nos escriben con rotulador los familiares de pacientes: «Sois los mejores», «Doy gracias a Dios por teneros». Siguiendo su ejemplo, nosotros también garabateamos el cristal con mensajes de ánimo: «Estamos cansados pero no vencidos», «Somos los mejores», «Todo va a salir bien», «Un día más, un día menos...». Son lemas sencillos que al transcribirlos aquí, en un libro, quizás no te digan mucho, pero que en los momentos difíciles tienen gran importancia para el equipo, porque nos recuerdan para qué estamos trabajando.

Entre la mesa central y las camas media un pasillo de seguridad dibujado en el suelo con la cinta policial que cité antes, y que marca la distancia a la que deben permanecer las personas que no vayan cubiertas con un equipo de protección individual.

Cuando la división entre la UCI oficial y la extensión provisional queda institucionalizada, yo acepto incorporarme a la provisional junto con otros dos compañeros.

¡Nunca pensé que pudiera echar tanto de menos mi UCI! Se nota que el nuevo espacio no fue diseñado con esta finalidad; cuesta moverse a la velocidad que requieren las intervenciones de urgencia y no hay ventanas. Por un momento se me escapa una carcajada al recordar el primer protocolo de acción que propuso el Ministerio de Sanidad, cuando aún calculaba que el coronavirus tendría una repercusión mínima. En ese momento los técnicos recomendaban ingresar a los infectados en habitaciones de presión negativa, en las que no pueden entrar ni salir partículas del exterior. Cada UCI tiene una proporción nula o mínima de salas de esta modalidad (la mía, por ejemplo, cuenta con dos), y aquella recomendación se descartó inmediatamente, al ver que chocaba de bruces contra la dura realidad. Duele comprobar lo rápido que nos hemos acostumbrado a ir bajando el nivel de exigencia a medida que el virus nos acorrala. A este paso, terminaremos intubando pacientes en nuestros propios coches.

A la espera de ese día, seguimos trabajando con todas nuestras energías, calados por el sudor, y sufriendo para respirar a través de la mascarilla. Sin embargo, pronto descubrimos que lo peor de la UCI de campaña es que resulta imposible quitarse de la cabeza la sensación de que el virus está flotando entre nosotros. El poco aire que conseguimos capturar nos sabe a rayos, sugestionados por el hecho de encontrarnos en un espacio cerrado, donde la carga viral promete ser altísima. Detenerse a pensar en ello genera una claustrofobia insoportable. Tenemos la misma sensación que los personajes de la serie televisiva *Chernobyl*, respirando una especie de puré de guisantes tan cargado de contaminación que casi crepita. Mientras me ocupo de pronar a un paciente no puedo evitar pensar: «No quiero estar aquí. Yo lo que quiero es estar en Cozumel buceando».

Como a partir de ahora tenemos que cubrir más espacio de trabajo con el mismo personal, nos vemos obligados a diseñar un nuevo circuito para tener a los pacientes al alcance de la mano. Visto que muchos de los que están en planta se encuentran ya muy graves, hemos habilitado una sala pre-UCI junto a la UCI provisional, y en ella instalamos a aquellos con alta necesidad de oxigenación pero que aún resisten con cánulas nasales y máscaras. A la espera de su evolución, preferimos tener todo preparado por si hace falta intubarlos de urgencia en la UCI de campaña. Allí se quedarían entre dos y cinco días, que es lo que tarda la mayoría en decantarse hacia la vida o la muerte. Desgraciadamente, el 50% no sale adelante; los pacientes que lo consiguen serían trasladados a la UCI oficial porque reúne más comodidades y, sobre todo, es más segura de cara a intervenciones de riesgo. Con eso me refiero al proceso de retirar el ventilador, durante el que resulta necesario dejar el tubo traqueal expuesto al aire, generando emisiones de líquidos contaminantes que es mejor que queden dentro de una habitación cerrada.

Después de mi larga lista de quejas ha quedado claro que, aunque asuma mi nuevo destino con resignación, la UCI provisional es un emplazamiento especialmente ingrato: resulta más sucio y peligroso, somos los encargados de cargar con el trabajo extra que suponen los nuevos ingresos, y allí se concentra la fase más dura de los pronados, mientras que luego los pacientes pasan a la UCI oficial y te pierdes su recuperación, como me ocurre a partir de ese momento con mi apreciado Julio.

Ni siquiera puedo despedirme de la familia de Julio y me siento especialmente frustrado por no mantener una conversación con ellos, porque lo cierto es que su mejoría se ha detenido. Se ha internado en un valle médico en el que no hay progresos ni retrocesos: una situación horrible que no suele terminar bien, porque la dependencia de las máquinas crece y el cuerpo pierde autonomía. Cada vez que intentamos quitarle el relajante, no responde; ha perdido la capacidad de respirar con el pecho. Así que todos los esfuerzos que hacemos por progresar terminan con la vuelta a la casilla de salida. Me duele que no tengamos mejores noticias para su mujer, Yolanda, pero lo más importante con las familias es ser completamente sinceros.

Divididos en dos equipos, se vuelve difícil mantener un trato habitual con los compañeros y seguir la evolución de los pacientes a los que ya no tratamos. Tenemos tanto trabajo que prácticamente no nos vemos las caras durante la jornada. Para mantener el espíritu de equipo y cambiar impresiones, intentamos comer juntos, pero resulta demasiado deprimente. En primer lugar porque, en lugar de comer, lo que hacemos es engullir todo el alimento que nos dé tiempo a meternos en la boca en cinco minutos, imitando a una de esas pruebas ridículas de los concursos televisivos de los años noventa. A eso se une que, en cuanto nos encontramos reunidos en una habitación, nuestra principal preocupación pasa a ser separarnos lo máximo posible para reducir las posibilidades de contagio. El resultado es que nuestros almuerzos se convierten en una convención de pollos bulímicos, todos con la cabeza hundida en el plato devorando en silencio.

En cualquier caso, el ambiente no está para muchas fiestas. Nos angustia la impresión de estar naufragando, y sabemos que todo lo que nos ocurre aquí se multiplica por diez en planta, por lo que la progresión futura solo puede ser peor. Ver las camas llenas de gente muriendo es insoportable, y tampoco ayuda pensar cuánto hemos retrocedido en menos de un mes en el ámbito de la humanización de los cuidados intensivos. Muchos pacientes fallecen con la angustia de estar solos, en un aislamiento deprimente. La presencia de familiares se ha reducido, y hemos vuelto a las UCI silenciosas en las que los pacientes permanecen dormidos. ¿Algún día recuperaremos los avances que tanto nos costó lograr, o estas cicatrices quedarán ya para siempre?

No hace tantos años, las UCI eran espacios fríos y siniestros a los que llegaban solo casos desesperados. A los pacientes se los planchaba con medicación y quedaban a expensas de las habilidades de los médicos, que no se sentían obligados a dar ninguna explicación sobre sus decisiones.

Afortunadamente esto ha cambiado, pese a la resistencia de muchos profesionales veteranos. La sensación de que el coronavirus nos está obligando a retroceder en el tiempo se vuelve insoportable. Y a eso se añade que nuestras prisas por frenarlo nos están obligando a dejar de lado elementos fundamentales, como la prevención de las secuelas que provoca el paso por una unidad de cuidados intensivos.

Los pacientes que salen de una UCI lo hacen con graves cicatrices físicas y emocionales. A las complicaciones de la enfermedad se unen las derivadas del hecho de estar ingresado: desde un catéter que causa una infección a la traqueostomía que debe cerrarse, pasando por los efectos de la medicación. El síndrome post-UCI está reconocido desde 2012 y afecta a entre el 30 y el 50 % de los supervivientes de una UCI. El listado de dolencias es innumerable: inmovilidad, pérdida de fuerza y masa muscular, deterioro neurológico, depresión, ansiedad, alucinaciones, terrores nocturnos...

En el caso concreto del SARS-CoV2, aún no tenemos claras cuáles serán sus secuelas específicas. Dentro del cuerpo de un enfermo de coronavirus se libra una guerra sin cuartel de la que el enfermo sale con el pecho hundido, los brazos y las piernas del grosor de un fideo, y las manos tan débiles que las uñas parecen gigantescas. Pero lo peor es lo que no se ve, porque las neumonías graves dejan cicatrices en los alvéolos, y eso implica problemas respiratorios y un riesgo futuro de infartos, ictus e insuficiencias renales. Al mismo tiempo, vamos descubriendo que el coronavirus no solo daña los pulmones, sino que tiene efectos que aún están por estudiar en los riñones, el corazón, los vasos sanguíneos y el cerebro.

Los equipos de cuidados intensivos intentamos que las secuelas sean las mínimas.

El problema es que, en situaciones de estrés como la presente, resulta imposible trabajar pensando en minimizar las secuelas futuras y privilegiamos únicamente la supervivencia en el presente. A modo de ejemplo, los fisioterapeutas casi han desaparecido de las UCI durante esta crisis, cuando su trabajo es fundamental para mantener un mínimo tono muscular y preparar la recuperación motriz.

Por eso, me temo que en los próximos tiempos estamos condenados a llevarnos sorpresas muy desagradables a medida que vayamos conociendo las secuelas que ocasionan el virus y las armas que hemos utilizado contra él.

Basta con pensar que la estancia media en UCI está siendo de veintiocho días, un tiempo lo suficientemente largo como para desarrollar dependencia del ventilador, infecciones, desnutrición y desórdenes nerviosos. Mucha gente después de esta experiencia tendrá que aprender a caminar y hasta a respirar. Eso requiere tiempo y terapia. Las consultas de síndromes postcuidados intensivos se van a llenar.

Otro factor que debemos considerar es que la voluntad de salvar vidas ante un enemigo del que lo ignoramos casi todo nos está obligando a renunciar a principios científicos que hasta ahora considerábamos inamovibles. La premura con la que nos estamos viendo forzados a intervenir es comprensible, porque nos enfrentamos a una enfermedad letal que saltó de los animales a los seres humanos hace solo cuatro meses, pero realmente no sabemos si muchas de las terapias que hemos implementado son efectivas contra el patógeno.

En veinte años de profesión no había visto hacer tantos experimentos con los tratamientos sin esperar a tener ninguna evidencia científica. Desesperados ante pacientes que mueren en cascada, los médicos nos hemos lanzado a probar suerte con cócteles de medicamentos extremadamente agresivos que no siempre funcionan y que tardaremos tiempo en saber qué efectos secundarios dejarán en nuestros pacientes.

Desde que estalló la crisis, llego muchos días a casa y me pongo a estudiar, preocupado por un paciente que no mejora, consultando la literatura médica existente para entender qué pieza del puzle falta. No es algo que me ocurra solo a mí, ni mucho menos: todos intentamos mantenernos al día e ir leyendo lo que se publica sobre el virus en nuestro campo de acción, pero no hay tiempo a tener certezas experimentales.

En los hospitales se ha ido ensayando con todo: antirretrovirales, inhibidores de la interleucina-6... Y millones de tratamientos que ni habíamos utilizado antes ni nadie ha tenido tiempo de demostrar que sean efectivos contra el SARS-CoV2.

Tan lejos estamos llegando que un día, por hacer una broma, le comenté a un compañero:

—Vamos tan perdidos con los pacientes de coronavirus que a ver cuándo nos dicen que hay que empezar a ponerles corticoides.

—No, no. Imposible que probemos con los corticoides. Los chinos dicen que van fatal.

Para los que no estén familiarizados con el hilarante mundo de las bromas médicas, debo apuntar que los corticoides son en medicina como las proteínas en las dietas para perder peso: según lo que dicte la moda de la época, son lo mejor del mundo o un veneno letal. En el momento actual, los corticoides están proscritos, hasta que la moda vuelva a darles otra oportunidad.

En cualquier caso, lo que quiero explicar es que mi broma se ha quedado antigua ya, porque días después un colega internista me anunció muy satisfecho:

—Lo único que está mejorando radicalmente el pronóstico de los pacientes son los corticoides. La solución puede ir por ahí.

La razón de este giro copernicano es que, a día de hoy, parece que el riesgo para la vida del paciente con SARS-CoV2 no se produce en la primera fase de la infección, mientras el virus se replica dentro el aparato respiratorio. El momento crítico llega cuando el sistema inmunitario reacciona al coronavirus y se desata en el organismo una respuesta inflamatoria descontrolada. Y la supuesta mejor opción para frenar este tipo de reacciones es el uso de corticoides.

Por supuesto, esto que digo puede tener una vigencia de diez minutos, porque realmente no tenemos ninguna certeza sobre el virus ni el tratamiento óptimo, y las dosis altas de corticoides pueden resultar peligrosas en una infección, debido a que hacen descender las defensas del paciente. Con esto, quiero decir que no sabemos nada y que el cuerpo de los pacientes del mundo entero se ha convertido en un campo de experimentación como no había existido en años.

Intento no obsesionarme con estas reflexiones lúgubres. ¿Qué sentido tiene atormentarse por las secuelas de los supervivientes cuando no tenemos instrumentos para garantizar la supervivencia de miles de enfermos? Es algo que debe preocuparnos, por supuesto, pero que en este momento excede las capacidades de cualquier médico intensivista. Por otro lado sufro: sé que no solo se trata de sobrevivir, sino del cómo se sobrevive.

Así que lo mejor que puedo hacer para combatir la ansiedad es poner música. Por supuesto, he donado un nuevo altavoz a la UCI provisional, y solo lo apagamos cuando un paciente está en un momento crítico o recibe una visita de sus familiares y queremos asegurarnos de que el ambiente sea de máximo respeto.

Nuestro musicoterapeuta de cabecera, Javier Alcántara, ha preparado dos listas de canciones que se pueden escuchar en Spotify. Una está pensada para los pacientes más mayores, con Manolo Escobar, pasodobles y boleros; y otra para gente entre treinta y sesenta años donde mandan REM y Amaral. Por supuesto, no se trata de una división científica, y ya me he encontrado con alguna persona de noventa años que prefiere la *playlist* de los jóvenes. Seguimos con el método de ensayo y error.

12

EL AÑO EN QUE TODO SE ROMPIÓ

Ahora necesito abrir un paréntesis. En el primer capítulo he mencionado que hace años sufrí una crisis de estrés laboral, un *burnout*, o síndrome del trabajador quemado, como recomienda llamarlo la Real Academia. Fue en 2013, y ese año no me quemé: me achicharré.

Las raíces de esa crisis vienen de muy atrás, y me parece interesante recordarlas para explicar muchas cosas que estoy sintiendo estos días viendo la situación en la que nos ha colocado el virus.

A mi padre le diagnosticaron cáncer de colon con cincuenta y siete años, cuando yo era estudiante de tercero de Medicina. Durante los veinte años que duró el proceso, yo fui su médico. Nada más conocer el diagnóstico, me puse a indagar las posibilidades con mis escasos conocimientos y los recursos que entonces había disponibles para un estudiante. Me encontré con que los números estaban terriblemente claros y otorgaban a mi padre una posibilidad de supervivencia inferior al 20% en los siguientes cinco años. Eso coincidía con las poco esperanzadoras palabras que el cirujano le dedicó a mi madre después de la primera operación.

La experiencia de mis padres fue uno de los primeros indicios que tuve de que la sanidad a veces va un poco coja en cuanto a humanización. Mi padre iba a operarse en la clínica privada correspondiente a su seguro y, puesto que él y mi madre formaban una pareja muy religiosa, se dedicaba a hacer cosas como rezar por las manos del médico encargado de intervenirle. Por eso, después de semejante inversión en tiempo y fe, se comprende el espanto que sufrió al descubrir, ya desnudo sobre la mesa de quirófano, que el cirujano al que llevaba días dedicándole padrenuestros no se había podido presentar y, en su lugar, se ocuparía de la operación otro cirujano al que mi padre no había visto en su vida. En defensa de ese segundo médico, me veo obligado a aclarar que poco tiempo después acabó siendo mi profesor y se trataba de un profesional brillante. Solo tenía un defecto: que no se manejaba demasiado bien con los sentimientos ajenos.

Por eso, al encontrarse con mi padre en la mesa de operaciones, sus palabras no contribuyeron a tranquilizarlo:

—Su médico no puede venir. Yo acabo de salir de otra cirugía y me han dicho que ahora me toca usted.

Aquello no era lo que mi padre esperaba oír de un hombre en cuyas manos iba a dejar su vida, y se resistió al cambio de planes con un argumento que debió de sonar risible a oídos del médico pero que yo siempre he considerado certero:

—Usted no me opera a mí porque yo he puesto toda mi confianza en el otro señor.

Sin embargo, como mi padre era un señor razonable y se dio cuenta de que en aquella situación tenía poco que ganar y mucho que perder, terminó cediendo y se dejó abrir. Durante la operación se reveló que el tumor que albergaba en el recto le afectaba a la musculatura de la espalda, y el cirujano no tuvo más remedio que dejarle dentro parte del cáncer. Luego, nada más salir del quirófano, se dirigió a mi madre con otra entrañable intervención que forma parte de nuestra mitología familiar:

—Señora, hemos hecho lo que hemos podido, así que vaya despidiéndose.

Pero aquí es donde empieza la parte interesante de la historia. Mi padre inició un tratamiento de quimioterapia y de radioterapia que dio unos resultados inesperadamente buenos, cambió la velocidad de crecimiento del tumor y le permitió permanecer durante muchos años relativamente asintomático. Paralelamente, se prejubiló con cincuenta y nueve años de los dos trabajos que tenía en una oficina bancaria y una contaduría, y mi madre se convirtió en su cuidadora, justo después de haber terminado con la crianza de sus cuatro hijos, que ya la apartó de su sueño de estudiar Psicología.

Comenzaron así veinte años muy particulares para ellos, de una innegable angustia pero también de una felicidad inesperada. Las prioridades de mi padre cambiaron por completo y, después de una vida consagrada al trabajo, empezó a pasar mucho más tiempo con nosotros. Él y mi madre abandonaron esa obsesión por la comida y los bienes materiales tan típica (y lógica) de la generación de posguerra y encontraron que les hacía mucho más felices invertir sus ahorros en viajes con el Imserso. En resumen, vivió veinte años de su vida con la intensidad de quien sabe que está encarando su último día sobre el planeta, y el resultado fue tan maravilloso que comenzamos a referirnos a la enfermedad como «tu amigo el cáncer».

Sin embargo, dado que ninguna felicidad es eterna, un triste día le anunciaron que tenía una carcinomatosis peritoneal y que el tumor ya no era controlable. A pesar del tiempo transcurrido desde el diagnóstico inicial, yo seguía acompañándolo a cada visita al oncólogo y, en una importante medida, me sentía corresponsable de su salud. Por eso, a pesar de que no se pueda decir que la noticia me pilló por sorpresa, me dejó destrozado.

Sentí la rabia de saber que no había posibilidad de curación, que no habría más cirugías y que no teníamos más remedio que aceptar que la enfermedad ganaba. En una última lección sobre cómo enfrentarse al final de la vida, mi padre me dijo:

—Mejor así, hijo. He vivido bien hasta ahora. Dejémoslo estar.

En el tono pausado que lo caracterizaba, nos dejó claro que estaba satisfecho con lo alcanzado y no tenía sentido torturarse intentando evitar lo que no tenía remedio. Gracias a esa charla, pudimos vivir el dolor intenso de su muerte en familia, sabiendo que su voluntad era no ser conectado a máquinas que no pudiesen curarlo, y evitándonos el sufrimiento que nos hubiera generado desconocer cómo teníamos que actuar para cumplir su voluntad.

Estamos hablando del año 2013. Al mismo tiempo, yo acababa de cambiar de trabajo y estaba encontrando dificultades para adaptarme a mi nueva UCI. Sentía que tenía mucho más trabajo del que podía asumir, y la incapacidad de responder al nivel de presión que sentía me llevó a sufrir un *burnout* de libro.

Para colmo, mi relación sentimental se estaba rompiendo. Los tres problemas se dieron la mano y yo empecé a sufrir episodios de ansiedad que me impedían dormir al terminar mis guardias. Perdí pie y entré en un bucle de agotamiento y pensamientos negativos agravado por los complicados turnos que tenemos los profesionales sanitarios. Me sentía destrozado y tremendamente inseguro, pero hacía enormes esfuerzos para que no se me notara, y eso me agotaba aún más. A todos nos pasa factura una situación de desequilibrio, pero para un médico intensivista es especialmente complicado debido a la responsabilidad que entraña trabajar con vidas humanas. Durante una mala racha, un intensivista no puede arrastrar los pies y dejar que se le acumulen los encargos sobre la mesa a la espera de que el día siguiente salga mejor. Las vidas que se pierden hoy no se recuperan mañana, y comencé a torturarme con la idea de que un paciente podía sufrir una desgracia por culpa de mi falta de seguridad. La existencia se me hacía grande y yo me sentía incapacitado para ejercer mi profesión con el nivel de compromiso que requiere.

Mucho después de recuperarme de aquel bache, he hablado con compañeros de aquella etapa y se han mostrado sorprendidos al saber que esos pensamientos siniestros pasaban por mi cabeza. Debo de ser mejor actor de lo que pensaba, porque ellos seguían viéndome como un médico eficaz, lleno de energía y con un buen humor a prueba de balas. Pero lo cierto es que en ese momento yo no me sentía así, sino como un peligro público; así que me dieron una baja por síndrome ansioso-depresivo y me encerré en mi casa.

Cuando digo que me encerré en casa estoy siendo bastante literal. Durante cuatro meses apenas pisé la calle. Lo único que tenía claro era que me daba pánico regresar al hospital, así que me pasaba los días pensando qué hacer para recuperar el control de mi vida, aunque en realidad reflexionara más bien poco y me dedicara principalmente a lamerme las heridas. Tenía treinta y cinco años y no veía ningún camino satisfactorio ante mí. Me sentía fuera del mundo, perdido en alguna región interna de mi mente a la que no llegaban estímulos externos. Incluso cuando venía gente a visitarnos a casa, yo me mostraba incapaz de seguir las conversaciones, como si me hubieran lobotomizado. No es necesario insistir en que, gracias a este tipo de actuaciones de sociópata, me convertí en una compañía muy poco deseable, y mi exmujer lo pasó tan mal por aquellos días como yo mismo, cuidando de un adolescente gigante y una niña de cinco años.

Hubo dos cosas que me ayudaron a romper con aquella dinámica autolesiva. La primera fue un libro que me recomendaron unos amigos, *El poder del ahora*, de Eckhart Tolle, y que me dio algunas claves esenciales para centrarme en el día a día, aceptar el pasado y no agobiarme pensando en un futuro que es imposible saber qué forma tendrá cuando se presente.

Sin embargo, lo que realmente me salvó la vida fue que mi mujer me anunciara, de forma completamente inesperada, que íbamos a tener una segunda hija. Yo en ese momento no podía ni conmigo mismo, y lo lógico hubiera sido que la noticia de que otro ser humano iba a depender de mí terminara de hundirme, pero la reacción fue justo la contraria. Decidí que no podía continuar compadeciéndome de mí mismo, y que debía poner fin a aquella fase de confinamiento.

«Gabi, déjate de tonterías: pero si a ti lo que se te da bien es la medicina», me dije un día, y ahí se acabaron mis dudas.

Desde ese momento abandoné todas las ensoñaciones que llevaba manoseando cuatro meses: desde las más originales (montar un bar) a las más ambiciosas (pasar los próximos cuarenta años en una habitación con las persianas bajadas). Entendí que, tras una crisis de ese calado, es necesario preguntarse dónde has fallado para hundirte en un sentimiento de fracaso tan profundo. Mi conclusión fue que hasta entonces había sido un buen médico desde el punto de vista técnico, pero que no había sabido enfocar correctamente el otro gran componente de mi profesión: el apartado esencialmente humano. Esa ceguera explicaba que no hubiera sido capaz de gestionar bien los problemas que se me habían presentado de golpe aquel maldito año 2013.

Gracias a aquella dolorosa crisis personal aprendí cosas sobre la medicina que no habría logrado entender ni con un siglo de ejercicio profesional. Acercarse al sufrimiento tiene premio, aunque no lo crean. La muerte de mi padre me hizo entender cuánto dolor cabe dentro de un proceso de duelo. Y como paciente diagnosticado de un síndrome depresivo, pude comprobar hasta qué punto el enfermo navega por experiencias de una soledad insoportable, que se vuelven muy difíciles de compatibilizar con los problemas cotidianos, como en mi caso era una crisis de pareja y la frustración que estas generan. Por último, me di cuenta de que, en parte, mi desgaste profesional se debía a que yo no había sido capaz de cuidarme a mí mismo, poniendo límites, dosificando esfuerzos y tomando el tiempo necesario para sentirme bien.

Puede sonar egoísta, pero la conclusión que extraje de mi crisis fue que debía seguir trabajando para ser un buen médico, pero dedicando más esfuerzos a construir un sistema en el que yo me sintiera a gusto. Y la construcción de ese sistema no podía ser algo aleatorio o improvisado: había que diseñar un plan. Tenía que hacer justamente lo contrario de lo que recomiendan esos gurús que insisten en que los seres humanos necesitamos salir de nuestra zona de confort para alcanzar grandes metas. ¡Pero si yo no quiero salir de mi zona de confort, sino hacerla más grande! Esa es una idea que luego le he escuchado a otros expertos en motivación, como Alfonso Alcántara, y me siento muy identificado con ella. Encuentro que es una posición tan realista como constructiva. Trasladada a mi esfera personal, decidí que para sentirme mejor en mi trabajo tenía que encontrar la forma de construir unidades de cuidados intensivos más humanas, donde pudiera salir de la rueda de hámster en la que nos encierra a veces la rutina laboral, dedicándoles a los pacientes el tiempo suficiente, acompañándolos en su momento de sufrimiento y apoyando a sus familias. Solo así lograría conciliar mi profesión con las experiencias que había recopilado sobre el dolor y la enfermedad. Solo así podría regresar a la vocación primaria.

De esta manera, me di cuenta de que, mientras me dedicaba a reunir los instrumentos necesarios para impulsar los cambios que ambicionaba, lo más importante era prepararme para que esa frustración no se apoderase de mí. Tenía que aprender a detenerme y respirar. Se dice rápido, pero los hospitales son grandes reservas naturales de mal humor. Todo el mundo vive allí perpetuamente enfadado. Los pacientes lo están porque no se les hace caso, las familias porque no las dejamos pasar, los profesionales porque sufren en sus carnes las consecuencias de los ratios de personal demasiado bajos, los malos sueldos y los contratos inestables. Es cierto que cada uno de esos colectivos tiene razones para sentirse furioso, pero también lo es que, si te pasas el día protestando, se te olvida que puedes trabajar para mejorar ese entorno hostil.

Sobre todo, entendí que no alcanzaría los objetivos que me proponía si intentaba actuar solo. A medida que iba hablando con profesionales sanitarios me confirmaban que algunos pensaban de forma similar a la mía, y entré en contacto con una importante cantidad de movimientos que estaban intentando que la medicina avanzara en la misma dirección que yo.

Todos juntos formamos un grupo de investigación que empezó con profesionales de la enfermería, la medicina, y la asistencia sanitaria, pero a los que se fueron sumando comunicadores, pacientes y familiares de pacientes. Algunos de ellos me abrieron los ojos a elementos para los que hasta entonces no había encontrado el enfoque apropiado. Por ejemplo, un amigo enfermero siempre me preguntaba:

—Oye, a vosotros los médicos ¿en qué año os enseñan la asignatura de ser gilipollas?

Desgraciadamente, no podía negarle que tenía razón. Hay demasiados médicos que se consideran por encima de los pacientes e incluso del resto de los compañeros sanitarios, pero estudiar mucho y aprobar una oposición no te garantiza la excelencia profesional. Las causas de ese endiosamiento son múltiples, y no es sencillo resolverlas de un plumazo, pero entendí que un error fundamental, que entronca con los problemas que yo había sufrido, es que en la Facultad de Medicina se enseña solo lo biológico. Sin embargo, si queremos sanitarios más humanos y efectivos hay que darles herramientas para mejorar en la escucha, la empatía, la compasión y el trabajo en equipo.

La conclusión a la que llegamos todos juntos fue que los hospitales habían tomado un camino erróneo centrándose en cuidar a los ciudadanos en serie en lugar de cuidarlos en serio.

Hay una metáfora que ilustra esta idea de forma muy efectiva. En la entrada de los hospitales hay arcos invisibles en las puertas similares a los detectores de metales de los aeropuertos. Bromeando, nosotros los llamamos «cámaras de despersonalización». Al entrar a un hospital, llegas con tu personalidad, tu equipo de fútbol y tu carácter, pero nada más cruzar la cámara de despersonalización dejas de ser tú y te conviertes en «un paciente». Te ves desprovisto de lo que te hacía diferente al resto de los seres humanos y a menudo también de la compañía de tu familia, los seres humanos que ayudan a conformar tu identidad. El personal sanitario tampoco se siente obligado a tratarte como un ser humano, sino que para sus componentes te conviertes en un elemento de trabajo más. Todos vivís en capas paralelas de la realidad, sin implicaros humanamente en la experiencia que estáis compartiendo.

Dicen que los médicos tenemos dos opciones: o nos rompemos alguna vez en nuestra vida o nos volvemos impenetrables. He oído a muchos compañeros contar hasta qué punto les cuesta empatizar con sus familiares o amigos cada vez que estos les narran uno de sus problemas cotidianos. Después de haber visto tanta muerte y tanto dolor en el trabajo, todo lo demás parece banal. Cuando oigo eso pienso que yo he tenido suerte al ser de los que se partieron por la mitad, porque eso me ha enseñado el camino para resolver los problemas que me impedían dormir.

Mis esfuerzos y, sobre todo, los de mi grupo de trabajo cristalizaron en el Proyecto HU-CI (Humanizando los Cuidados Intensivos), cuyo objetivo es trabajar en vías para crear unidades de cuidados intensivos más amables para todos: pacientes, familiares y profesionales.

Después de escuchar a muchísima gente, nos fijamos una serie de principios de acción: mejorar la comunicación entre todos los grupos que confluimos en una UCI, cuidar a los profesionales de los cuidados para evitar el *burnout* y conseguir remotivarlos, flexibilizar los horarios de las visitas a las UCI, abrir las puertas e involucrar a las familias en los cuidados.

La lista de nuestras propuestas para mejorar las unidades de cuidados intensivos es demasiado extensa para enumerarlas aquí. ¡Requeriría otro libro entero! De hecho, los miembros de proyecto HU-CI hemos consagrado miles de horas de reflexión e investigación a temas que ya he mencionado, como la musicoterapia o la prevención y el tratamiento de las secuelas, pero también a muchos otros asuntos fundamentales que inevitablemente se me quedan en el tintero, como la arquitectura humanizada o la mejora en el proceso de morir.

Volviendo la vista atrás, estoy orgulloso de decir que he consagrado a esta causa los últimos seis años de mi vida, con más de cien artículos publicados, un libro, un manual de buenas prácticas, un máster, dos cursos de experto universitario y veinte cursos de entrenamiento para profesionales.

En definitiva, para encontrar mi lugar en el mundo me he ido convirtiendo en un monje Shaolin que dedica todos sus esfuerzos a la causa de la humanización de la sanidad, pero la verdad es que se me ocurren pocas cosas mejores a las que dedicarlos.

Lo que más feliz me ha hecho durante estos años es que he podido ver cómo esos esfuerzos se han ido traduciendo en avances concretos que me han permitido ir más allá de ese sentimiento de enfado improductivo al que es tan fácil volverse adicto.

Una de las medidas más efectivas, baratas y positivas que hemos impulsado desde nuestro proyecto ha sido la flexibilización de los horarios de visita. Cuando empecé a trabajar en unidades de cuidados intensivos, los familiares solo podían visitar a los enfermos media hora por la mañana y media hora por la tarde. Encontramos muchas resistencias a la propuesta de cambiar esa dinámica. Cada hospital decidió cómo lo haría. Algunos decidieron aumentar el tiempo de visita progresivamente: primero una hora en cada turno, luego dos... Otros hospitales optaron por abrir la mano por completo y establecer turnos de doce horas o veinticuatro horas de visitas. Fuera cual fuera la solución, todos comprendieron enseguida que era un camino irreversible. Por eso, en 2015 el 70 % de las UCI mantenían horarios de visita restringidos a media hora por la mañana y media hora por la tarde, mientras que en 2020 yo no tengo constancia de que ninguna siga haciéndolo... hasta la llegada del coronavirus.

Este y otros avances similares los hemos logrado entre todos los que impulsamos la humanización. Habrá quienes nos consideren unos pelmazos, pero no creo que nadie intente negar que todo lo que hemos propuesto ha servido para aportar bienestar a los pacientes, sus familias y los profesionales.

Por eso mismo, los efectos de la devastadora crisis del coronavirus me asustan al mismo tiempo que tengo la esperanza de que actúen como un revulsivo. Me preocupa que los pasos atrás que hemos dado en estos meses sean difíciles de recuperar. Sin embargo, también creo que esta situación ha puesto de manifiesto todos los déficits del sistema, contribuyendo a que mucha más gente tome nota de ellos.

Si la sanidad hubiera alcanzado un grado de humanización mayor antes de la crisis del SARS-CoV2, muchos hospitales no hubieran caído en el error de excluir a los familiares al comienzo de la crisis, negándoles un equipo de protección individual para permanecer con sus seres queridos en el momento de la muerte. Ante el desconocimiento que rodeaba al coronavirus, se optó por dejar caer el telón de acero. Es una reacción normal, pero no debería de haberse prolongado más allá del momento de impacto, porque a las dos semanas de la llegada del SARS-CoV2 ya quedaba patente la aberración que resultaba que la gente estuviera muriendo sola.

Sin embargo, ninguna autoridad sanitaria se atrevió a desandar el camino recorrido, probablemente para no ser acusada de temeridad después de haber alimentado el discurso del miedo a los pacientes infectados. Si el punto de partida hubiera sido distinto y la sociedad tuviese asumido que la sanidad debe ser una realidad que no quede ajena a lo humano, no hubiéramos tardado tanto en verlo. Esa labor pedagógica nos hubiera permitido evitar miles de historias trágicas.

13

EMPIEZAN A ESCASEAR LAS PROTECCIONES

Comparo la foto que tomé de los compañeros del SUMMA 112 durante su último traslado con la imagen de mí mismo que me devuelve el espejo, vestido como una cebolla del espacio.

Hasta ahora la abundancia de equipos de protección individual me había permitido asegurar que estábamos perfectamente protegidos contra el contagio. Sin embargo, desde esta semana las cosas han tomado un camino muy distinto.

La lucha para conseguir equipos sanitarios se ha vuelto feroz, y el Ministerio de Sanidad ha tenido que cambiar sus protocolos para adaptarse a la carestía internacional. Tras minimizar la amenaza durante meses, las Administraciones nacionales, regionales y hospitalarias de toda la Unión Europea y de Estados Unidos se han lanzado a la vez al mercado de Asia para acumular todo el *stock* de productos disponible: desde ventiladores a guantes y batas.

Los medios de comunicación nos están permitiendo conocer escenas inimaginables, como subastas a pie de pista en el aeropuerto de Shanghái en las que se decide quién se queda con un avión y el equipo médico que transporta. Por ejemplo, ha trascendido el testimonio de Jean Rottner, que además de médico es presidente de Grand Est, una de las regiones francesas más afectadas por el coronavirus, después de que una delegación estadounidense comprara al triple de precio las mascarillas que ya estaban embarcadas en un avión para volar hacia Francia. Un espectáculo de solidaridad realmente reconfortante.

En medio de esta escasez internacional de medios, a nosotros se nos acaban las batas impermeables y no hay forma de reemplazarlas, así que pasamos a usar otras no impermeables, aunque homologadas como equipos de protección individual por el Ministerio de Sanidad. Las complementamos vistiéndonos por debajo con una bata de papel verde de las que normalmente utilizamos para explorar a pacientes en aislamiento de contacto y no transmitir patógenos. Por encima de esas dos capas, nos colocamos una nueva bata de papel y, por último, un delantal plástico blanco similar a una gran bolsa de basura. En total, cuatro capas, dos de las cuales tiramos a la basura cada vez que pasamos de paciente a paciente. Lo peor es que, como empiezan a escasear incluso las batas de los equipos de protección individual en materiales no impermeables, las colgamos en la pared después de usarlas, todas bien pegaditas las unas a las otras en sus respectivas perchas identificadas por un pósit con nuestro nombre.

Así vamos ahora, encerrados dentro de un invernadero portátil. De ahí la impresión que tengo frente al espejo de haberme convertido en una cebolla alienígena cocida en su propio sudor, y además medio ciega, porque las gafas de buceo están ya tan corroídas por la lejía y la condensación que me siento como si me encontrara sumergido en el Manzanares, en lugar de surcando los cristalinos arrecifes de Cozumel con los que llevo tiempo soñando.

La erosión que sufren las gafas ha llegado hasta tal punto que algunos compañeros cirujanos me confiesan que se las quitan en los momentos más delicados de las intervenciones quirúrgicas. Pese al peligro que eso entraña, los entiendo, porque ya es lo bastante difícil maniobrar dentro de unas tripas como para hacerlo con unas pantallas rayadas de por medio. Yo mismo lo paso mal cuando me toca canalizar una vía venosa central que puede perforar un pulmón y apenas soy capaz de distinguir la cara del paciente.

Para hacernos una idea de las enormes necesidades de material, basta con mencionar que la Organización Mundial de la Salud calcula que en una UCI hacen falta veinticinco equipos de protección individual al día por paciente. Suena exagerado, pero pensemos que para cada pronación se necesitan unos cuatro equipos, y que dieciséis horas después hay que supinar de nuevo al paciente, con lo que son cuatro equipos más. A esto se añaden los que se consumen cada vez que una enfermera entra en la habitación con la medicación, o cuando los médicos debemos realizar una exploración. Solamente para asear a un paciente son necesarios tres equipos más, para enfermera, auxiliar y celador.

Mientras hemos tenido materiales, cumplimos a la perfección los protocolos de seguridad. Para intubar a cada paciente hemos estado utilizando unos cascos con una pantalla parecida a la de un soldador y una mascarilla FFP3 que desechábamos al terminar la maniobra. Pero las FFP3 empezaron a escasear y las guardábamos como el cromo de Panini más preciado de la colección. Hasta que se terminaron y comenzamos con las FFP2, que son menos eficaces. Al poco tiempo, estas también dejaron de ser para un solo uso y empezamos a utilizarlas durante las ocho horas del turno, guardándolas a ratos en su envoltorio.

Coincidiendo con la abundancia de materiales de primera calidad, hasta el jueves 19 de marzo la salud de nuestro equipo parece a prueba de bombas, pero en cuanto llegan las estrecheces y la necesidad de dosificar, se empiezan a escucharse toses contenidas.

—¡Esa tosecita! A ver si nos vamos a enfermar —bromeamos cada vez que un compañero se cubre la boca con el brazo, pero la verdad es que la situación no nos hace mucha gracia a ninguno y nos agarramos al chiste para hacer un poco de exorcismo.

Sobre todo, sabemos que este es un patrón que se ha repetido en otros hospitales en los que tenemos amigos. En cuanto el suministro de materiales decae, algún componente del equipo enferma y, una vez que el virus está dentro del grupo, se expande sin control aprovechando la cercanía, el uso de espacios de descanso comunes y, sobre todo, el hecho de que es imposible mantener la guardia alta las veinticuatro horas del día.

Como reflexiono con un amigo íntimo, jefe de Urgencias de otro hospital:

—Los pacientes sabemos que tienen el virus y no nos acercamos, pero yo no sé si tú lo tienes.

Exactamente. En la UCI los portadores de coronavirus que han desarrollado la enfermedad son perfectamente reconocibles: están tumbados en la cama con un tubo y oxígeno en la garganta. El problema son los asintomáticos, que pueden tener el rostro del médico al que das el relevo o de la enfermera con la que te tomas un café.

Esta ausencia de protecciones adecuadas está detrás de los más de veinticinco mil sanitarios infectados a fecha de hoy, el 25 % de los casos de la enfermedad documentados. Esa cifra inaceptable convierte a la sanidad española en la que tiene la mayor tasa de profesionales sanitarios infectados en todos los países que hasta ahora han padecido la epidemia.

Esto no solamente representa un dato desmoralizador para los trabajadores, que nos sentimos abandonados por los gestores que debían ocuparse de la estrategia y la logística. El impacto sobre nuestra salud es real y muy grave. Aunque el Ministerio de Sanidad no da números, la Organización Médica Colegial ha contabilizado hasta la fecha cuarenta médicos fallecidos en labores asistenciales, a los que habría que añadir los casos de enfermeras, auxiliares, celadores y personal de limpieza. ¿Nadie se ha preguntado qué ha fallado para que las personas que nos ocupamos de cuidar a los demás nos hayamos convertido en el colectivo más golpeado por la enfermedad? Parece un premio poco apetecible por salvar miles de vidas.

Cuando he hablado antes de los pacientes cada vez más jóvenes que llegan a las UCI me he resistido a citar el caso de Sara Bravo, una médico que trabajaba en el centro de salud de Mota del Cuervo, en Cuenca, y que falleció con veintiocho años. No me parece necesario destacar casos individuales de sanitarios solo porque alcancen mayor repercusión mediática que las muertes anónimas. Evidentemente, todos los ciudadanos estamos juntos en esto y cualquier fallecimiento merece los mismos lamentos, pero es cierto que el caso de una compañera al principio de su carrera y casi de su vida resulta un recordatorio muy doloroso de los sacrificios de los profesionales situados en primera línea.

14

ERRORES IMPERDONABLES

Los sanitarios querríamos estar más protegidos contra el virus pero, cuando la situación se complica y los pensamientos negros se imponen, yo al menos intento protegerme mentalmente contra los efectos que el estrés, el cansancio y la presión están empezando a ocasionar en todos nosotros.

Cada cuatro horas, como si fuera un tratamiento de vida o muerte, me paro. Me encierro en un despacho, programo el reloj para que suene en cinco minutos, me siento en un sofá con las piernas cruzadas, cierro los ojos y me detengo a prestar atención plena a mi respiración. No es fácil lograrlo, porque al intentar bajar las pulsaciones siempre descubro que estoy desbocado. Sin embargo, el ejercicio resulta reparador. En el torbellino de ruidos y emociones en que se ha convertido el hospital, ese paréntesis de silencio me permite escuchar a mi cuerpo y volver a él. Algo sencillo y tremendamente eficaz.

Combatir el estrés es fundamental en situaciones de presión continuada. Los sanitarios somos seres humanos, y cada uno gestiona estos picos de la manera que considera más eficaz: están los cenizos, los espirituales, los extrovertidos y quienes prefieren mantenerse imperturbables delante de los demás. Si tengo que elegir un modelo, a mí me gusta combinar el uso del radar de problemas que nos ofrece la meditación con la escuela de Patch Adams, el médico al que Robin Williams interpretó en la película del mismo nombre, y que defiende la alegría y el buen humor como herramienta terapéutica, tanto para los pacientes y sus familias como para los propios profesionales.

Por eso siempre tengo en la mesilla de noche un libro de Adams donde desgrana los principios sobre los que creó el Instituto Gesundheit!, una institución médica que plantea un modelo de atención sanitaria en el que la competitividad y la avaricia en la gestión son sustituidas por la compasión y la generosidad.

Todo el mundo cree que su propia filosofía es la adecuada para navegar por la vida. En mi caso, yo defiendo que la compasión con nosotros mismos es el mejor sistema que tenemos los profesionales para aliviarnos de la presión que nos circunda estos días, y que dispara nuestra principal causa de estrés: el miedo a cometer errores.

Los sanitarios estamos al corriente de un secreto terrible que te voy a revelar ahora mismo: en contra de lo que puede parecer desde el exterior, la inmensa mayoría de los errores que se cometen en medicina no responden a la ignorancia o a malas decisiones, sino a la imperfecta cabeza que tenemos todos los seres humanos. Por lo general, los médicos no intentamos grandes locuras, y la mayoría de las cosas que decidimos en una UCI se basan en patrones que ya hemos seguido en miles de ocasiones.

Los verdaderos errores que podemos cometer los médicos sabemos que están en ese millón de pequeñas acciones que ejecutamos de forma automática y que, inexplicablemente, un día podemos realizar en orden inverso al indicado, saltándonos un paso o sin tener en cuenta una conclusión que era previsible. Por esa razón los intensivistas somos unos obsesos del control: para minimizar esos fallos que en cuerpos tan debilitados como en los de nuestros pacientes podrían resultar fatales. Todo el mundo tiene despistes, ya sea en su trabajo, conduciendo o haciendo la compra por internet. La diferencia es que un fallo al tomar un desvío en la autopista o eligiendo la marca de tomate frito no tiene las mismas repercusiones que los errores en una UCI, donde pueden ocasionar sufrimientos indeseados.

Nuestro problema es que con el coronavirus la presión crece porque no controlamos dónde nos movemos, pero debemos seguir moviéndonos todo el tiempo y cada vez más rápido. Prueba a duplicar la velocidad a la que tomas decisiones en tu trabajo. ¿No te generaría eso una inseguridad tremenda? A mí sí. Pues añádele ese plus de incertidumbre que supone experimentar con tratamientos cuyos resultados no conoce nadie. ¿Aumentamos la dosis? ¿La bajamos? ¿Seguimos pronando o nos detenemos? No existe mayor estrés que moverse en un terreno pantanoso en el que continuamente surgen pequeños problemas.

La infección ha alcanzado tal magnitud que prácticamente todo mi hospital ya está ocupado por pacientes con SARS-CoV2. A veces me levanto por las mañanas y creo que todo ha sido una pesadilla. Por mucho que me froto los ojos frente al espejo, no despierto.

La velocidad con la que salen pacientes de planta e ingresan en mi unidad me impide familiarizarme con ellos. Además, apenas tengo ocasión de ver a sus familias, y eso normalmente es algo que me ayuda a anclarlos, a visualizarlos dentro de su contexto social y dotarlos de una personalidad. Solo conservo algunos referentes, casi todos del inicio de la epidemia. Entre ellos me esfuerzo por mantener a Julio, como si conservar el contacto con nuestro paciente de SARS-CoV2 más veterano fuera una forma de ponerle rasgos a esta crisis que está barriendo la humanidad de los hospitales. Sin embargo, entre mis turnos y las restricciones de las visitas no logro cruzarme con su familia, así que le escribo al padre de la compañera de colegio de mi hija para informarme sobre su situación. Las noticias no son buenas. A pesar de todos los esfuerzos, Julio sigue sin mejorar. Yolanda y sus hijos están destrozados.

Saberlo me incomoda. Escribo a mi hermano Juan para preguntarle por mamá. Ella tampoco lo está pasando bien. Desde que murió mi padre su vida se quedó en pausa y apenas habla.

No nos damos cuenta de hasta qué punto la enfermedad está acorralando a las personas mayores. No son solamente las más golpeadas en su salud, sino que su círculo social, ya de por sí limitado, se está viendo diezmado por las muertes. Además, el aislamiento está siendo más virulento para ellos que para el resto, como es el caso de las personas viudas que viven solas, sin poder ver a sus hijos y nietos. En el caso de mi madre, una cuidadora solía ocuparse de ella, pero en mitad de la epidemia se ha despedido, así que el peso del día a día ha recaído sobre mi hermano Juan, que teletrabaja y puede ocuparse de atenderla.

Todos los hermanos le agradecemos el esfuerzo. Gracias a él podemos estar tranquilos por mi madre: un privilegio que no tienen muchas familias, que viven preocupadas por el aislamiento de personas que tienen a menudo graves problemas de comunicación, o sobresaltadas por noticias espantosas, como las que nos llegan sobre residencias de mayores en donde los internos se contagian entre ellos y mueren en silencio, sin ningún contacto humano.

Una de las reflexiones que tendremos que hacer después de esta crisis es si hemos protegido adecuadamente a nuestros mayores.

Mi amigo el pediatra Iván Carabaño me manda una carta que ha escrito con motivo de la muerte de su padre, y que incide en esta idea. Lloro tras leerla y le digo que si quiere que la publique en el blog de Proyecto HU-CI. La carta de Iván está llena de rabia por lo que considera que fue una respuesta tardía e insuficiente a la llegada del virus, pero yo quiero transcribir los dos párrafos más íntimos de su despedida, los que recogen todo lo que Iván siente que le debía a su padre y ya no le podrá pagar. Él, como muchos familiares de víctimas del SARS-CoV2, solo tuvo oportunidad de acompañarlo unos minutos durante los días en los que se fue apagando en el hospital. Sus heridas ahora son tan profundas como las de tantos ciudadanos que consideran que, en este momento crítico, no hemos devuelto a nuestros mayores todo el amor y el sacrificio que depositaron en nosotros.

Esta es la carta de Iván:

Papá: os hemos fallado.

Tu generación, la de 1945, y todas las hornadas cercanas a esa fecha, no habéis tenido una vida sencilla. De pequeño fuiste niño yuntero. Te levantabas de la cama antes de que el sol se frotara los ojos, y salías al tajo para ayudar a tu padre. Viste los animales de la madrugada manchega en vivo y en directo. Te dolieron en la espalda los sacos de cereales, los kilos de olivas, los troncos de las cepas. Siendo todavía adolescente, buscaste en Madrid un sueño sin arados. Un sueño de uniforme que no era tal. Y llegaron las manifestaciones, la Dirección General de Seguridad, la muerte de Franco, la llegada del nuevo orden constitucional y la formación de una nueva familia, en la que desde hace cuarenta y cuatro años estoy incluido.

Conseguisteis un milagro fantástico: gracias a ti, papá; gracias a ti, mamá; y gracias a todos los de vuestra generación, muchos de los nacidos en los años setenta pudimos dar un salto educativo, económico, social. Yo pude estudiar una carrera. Pude ser médico. Pude ser pediatra. Pude ser jefe de servicio. Pude dejar de ser jefe de servicio. Pude ser profesor universitario. Pude viajar. Pude disfrutar a manos llenas de mi propia familia. Pude expresarme libremente. Y pude a ratos, también, ser escritor.

Iván tiene razón. Es un gran escritor y un excelente profesional, y una parte de esos éxitos debemos agradecérselos a los esfuerzos de su padre y a sus compañeros de generación. Lástima que no hayamos sido capaces de estar a la altura de esa deuda.

15

UN MENSAJE EN UNA BOTELLA

Acabo de explicar una de las razones por las que los intensivistas somos unos locos del control: la necesidad de protegernos de nuestros propios errores. El otro gran motivo detrás de esta manía obsesiva-compulsiva es que un cambio mínimo en una constante de un paciente puede significar la diferencia entre la vida y la muerte. Controlamos latido a latido la evolución del paciente, la frecuencia cardíaca, la tensión arterial y las deposiciones. Sabemos de nuestros pacientes hasta el nivel de sodio y potasio. Sin datos, perdemos el control que necesitamos para dosificar medicaciones que son muy agresivas o regular las cantidades de líquidos.

Por eso, las enfermeras que trabajan en una UCI tienen que tomar las constantes vitales por lo menos una vez a la hora. Esa es la explicación de por qué hoy he sido yo el que casi sufre un paro cardíaco cuando he descubierto que unas enfermeras de otra especialidad que han venido a apoyarnos en la UCI llevaban cuatro horas sin apuntar las constantes de un paciente en la gráfica.

Evidentemente no es culpa suya. Entiendo que asimilar nuevas rutinas es complicado para profesionales que están acostumbrados a trabajar con otros protocolos que también a mí me costaría mucho adoptar de forma instantánea. En la UCI necesitamos manos, y esos compañeros nos las aportan con gran generosidad. Sin ellos no podríamos salir adelante, pero la tensión que nos genera la situación es tremenda. En un hospital todos tenemos los mismos títulos pero no estamos entrenados para lo mismo. Si alguna vez ingresas para que te operen una rodilla y me ves entrar a mí al quirófano, asústate, porque jamás he operado una rodilla. Tengo la misma licenciatura en Medicina y Cirugía que cualquier ginecólogo, y por eso podría asistir en un parto, pero no aconsejaría a ninguna futura madre que se pusiera en mis manos, porque he de admitir que no estoy preparado para resolver un imprevisto.

La falta de expertos intensivistas en mi unidad es sangrante, como en todos los hospitales de Madrid. Mientras en Madrid y Cataluña vivimos atrapados en una eterna hora punta, en otras comunidades autónomas tienen camas vacías y sus profesionales están trabajando a un ritmo normal. Por eso, el viernes 20 de marzo me decido a lanzar un mensaje al mar digital recurriendo a las redes sociales de mi organización.

Allí, en el universo Twitter, flotando entre bulos, insultos y memes, aún se puede encontrar mi mensaje. Se trata de una petición de ayuda en toda regla:

> ATENCIÓN: Llamamiento urgente a toda la comunidad de cuidados intensivos de España.

> Los equipos de las Unidades de Cuidados Intensivos de Madrid nos estamos dejando la piel y la vida en esta pandemia del #COVID19, y hacen falta más manos.
>
> Ahora mismo, de los mil pacientes en ventilación mecánica afectados en todo el país, setecientos están siendo atendidos en la @ComunidadMadrid y estamos al borde del colapso, sin camas, manos ni cabeza para atender a más personas.
>
> Solo hay dos soluciones:
>
> – Trasladar pacientes a otras comunidades autónomas con menor presión asistencial (a día de hoy, todas menos #Cataluna) o bien
> – Que vengáis HOY MISMO a darlo todo con nosotr@s desde cualquier parte del país.
>
> Así que compañer@s intensivistas: ya seas auxiliar, enfermera o médico, ¡TE NECESITAMOS AHORA MÁS QUE NUNCA! #VENTEPAMADRID

El mensaje va acompañado de dos fotos de mis manos completamente despellejadas a la salida del trabajo. Espero no estar haciendo un *spoiler* si anuncio que lo único que conseguí con mi petición de auxilio fue la respuesta de una marca de cremas para manos que se ofreció a donarnos miles de unidades para proteger la salud de nuestras herramientas de trabajo. Un gesto muy bonito, pero no era ese precisamente el resultado que perseguía.

Lo cierto es que los traslados entre hospitales de Madrid funcionan con relativa fluidez gracias a la lista única coordinada por la Comunidad, pero esa solución ya no basta. Cada vez que necesitamos trasladar a un paciente para el que no tenemos sitio o medios apropiados en nuestra UCI, debemos pedir la vez, como el que va a la pescadería, y aguardar a que se libere una plaza. El problema es que la espera puede volverse agónica, porque en Madrid todos los centros estamos saturados, y a menudo es necesario que pase un día o dos antes de que lleguen buenas noticias, mientras vemos a la persona desmejorar, con los niveles de oxígeno cayendo como la Bolsa.

La situación me tiene anonadado. Una vez que el Gobierno había creado el mando único de sanidad, yo había asumido que otras comunidades autónomas irían aceptando traslados de los centros hospitalarios más saturados. Sin embargo, pequé de iluso.

En el año 2000 recibí una beca de la Agencia Española de Cooperación Internacional para trabajar como profesor de primeros auxilios en una escuela de enfermería de una universidad de Santa Cruz de la Sierra, en Bolivia. Una vez allí, tuve la suerte de moverme mucho entre distintas unidades hospitalarias. La experiencia acabó resultando decisiva en mi carrera porque, gracias a esa posibilidad de picotear aquí y allá, entré en una UCI por primera vez, y en cuanto puse el pie allí me quedé prendado de ese trabajo que requería conocimientos tan variados y mucha velocidad. Sobre todo, me maravilló descubrir que en una unidad de cuidados intensivos no hay solistas, sino que la base del éxito es el trabajo en equipo. Todos los que conocía allí me parecieron un grupo de locos maravillosos que trabajaban con una pasión que yo deseaba para mi vida. Que no se enfaden otros compañeros, pero ese nivel de compromiso y adrenalina era justamente lo que buscaba en la medicina, no sentarme tras una mesa y extender recetas: esa es una parte de nuestro trabajo imprescindible, pero no era para mí.

En resumidas cuentas, Bolivia marcó mi vida y ha quedado en mi recuerdo como el primer momento en que realmente disfruté con el ejercicio de la medicina. No obstante, entre las muchísimas cosas positivas que descubrí a mi paso por allí, hubo una muy negativa que también me impactó de forma duradera. Aquella primera experiencia en América Latina me reveló hasta qué punto la falta de recursos económicos y técnicos condenan a morir a gente que podría haberse salvado si su sistema sanitario no careciera de ellos. Ya he comentado que la entrada en una UCI de España implica que el paciente tiene un 90 % de posibilidades de salvarse; mientras que en Argentina esa proporción baja aproximadamente al 80 %; y la posibilidad de abandonar vivo una UCI africana es del 50 %. Sin embargo, no es lo mismo conocer las cifras que ver su aplicación sobre el terreno.

Esa lección quedó corroborada cuatro años después, en 2004, a raíz de un breve paso por Sunyani, Ghana, donde estuve un mes haciendo revisiones pediátricas en la selva. Si me podían quedar dudas al respecto, en África terminé de entender lo que implica la escasez de materiales para la salud de las personas. El problema de la desigualdad es tan descarnado como sencillo: según la bandera de tu país, vivirás más o menos años, y sufrirás más o menos.

Estas desigualdades responden a causas históricas, geográficas y económicas muy complejas, y no voy a intentar proponer soluciones milagrosas. Pero lo que no podemos permitir es que en nuestro país se reproduzcan ese tipo de asimetrías y que, según su dirección, un ciudadano goce de más oportunidades de curarse que otro.

Sin embargo, parece que en lugar de encaminarnos a la solución del problema, cada vez está más arraigado. La prueba evidente es que durante esta crisis cada sistema autonómico ha funcionado como una sanidad independiente, en perjuicio de los intereses de una parte considerable de la población. Y no estoy hablando de un tema político, sino de gestión y coordinación, porque incluso en el interior de un territorio relativamente homogéneo, como la Comunidad de Madrid, hemos podido comprobar que las personas que viven al lado de determinados hospitales tienen más probabilidades de acceder a algunos tratamientos importantes que quienes lo hacen en las cercanías de otros centros donde estos no existen.

A la espera de que un día terminemos con esas asimetrías mediante un plan integral de servicios sanitarios único para todos los ciudadanos, mi intención con los mensajes que mando por redes sociales el día 20 de marzo es iniciar una reacción solidaria inmediata. Asumo que la solución de trasladar a pacientes será difícil que fructifique, porque estamos hablando de personas en un estado muy deteriorado, y este tipo de maniobras entraña peligros, pero es cierto que durante esta crisis se han trasladado enfermos desde Italia a Alemania. Enviarlos a Guadalajara o a Toledo desde Madrid no me parece técnicamente imposible.

La segunda opción, el traslado a Madrid de sanitarios de otras comunidades que estén relativamente tranquilas, se convierte en la primera. Sin embargo, solo responde a mi llamada un amigo, jefe de una UCI de otra comunidad donde aún no tienen ningún paciente de coronavirus. Generosamente me ofrece enviar tres personas a fondo perdido. Yo estoy encantado con la solución pero, desgraciadamente, la Consejería de Salud de su comunidad veta la propuesta por miedo a quedarse desguarnecida ante una eventual progresión de la enfermedad.

Por lo tanto, la dinámica queda muy clara, haya mando único de Sanidad o no. Muchas comunidades autónomas que prácticamente no tienen casos siguen haciendo acopio de materiales y personal. Lo veo comprensible desde el punto de vista del alcalde que protege a sus vecinos, pero en una crisis global como esta no debería tratarse de salvar a tus votantes, sino de buscar el beneficio general.

Por fortuna para nosotros, mi llamada de auxilio tiene algo más de éxito entre el personal de base. Nos contactan tres médicos intensivistas que han leído nuestra petición de incorporación inmediata. El primero de ellos es Vicente, un antiguo intensivista de Elche con sesenta y nueve años al que el confinamiento ha sorprendido en Madrid visitando a su pareja. Vicente decide que, ante la emergencia, debe enfundarse los guantes de látex y aparcar las mieles de la jubilación para rendir un último servicio profesional.

Vicente es la evidencia de que los viejos roqueros nunca se bajan del escenario, y le agradecemos que asuma la incertidumbre que supone trabajar en un hospital siendo población de riesgo. No obstante, con el objetivo de minimizar su exposición, lo destinamos a la sala de prequirófano donde se acumulan los pacientes de cuidados intensivos no infectados de coronavirus, que normalmente fluctúan entre tres y cinco.

Él acepta encantado el reto. Otra de sus grandes cualidades es que ha sido durante treinta años coordinador de trasplantes en su antiguo hospital. Por lo tanto, es un especialista en el proceso de morir y un experto en comunicación muy preparado para hablar con las familias. Contar con un hombre con esa experiencia durante la gestión de una crisis es un regalo del cielo, así que le pedimos que se encargue de una de las labores más arduas de nuestro trabajo y sea el responsable de mantener el trato cotidiano con los seres queridos de los pacientes. De inmediato su habilidad con los sentimientos y la comunicación genera admiración en todo el equipo. La situación podría haber roto los nervios de cualquiera, pero Vicente demuestra un tacto exquisito, tanto para preparar a las familias de cara a un desenlace trágico como para mantener el buen ánimo de los que necesitan un apoyo extra.

Después de Vicente llega Celia, una joven compañera madrileña residente en Tenerife que, cuatro días después de leer nuestra llamada, se planta de vuelta en casa acompañada por sus dos gatos. Y casi al mismo tiempo recibimos a Nerio, un médico venezolano que acaba de terminar la residencia en España y está deseoso de echar una mano.

El desembarco de estos compañeros es uno de los momentos más emotivos que recuerdo en los años que llevo ejerciendo la medicina. Los tres hacen una apuesta muy fuerte para ayudarnos, y la situación que se encuentran no es lo que yo llamaría apetecible. Después de un mes batallando contra el virus, la plantilla está desfondada, y los materiales ya hemos dicho que no sobran. A pesar de que vamos cortos de alegría, acogemos a los recién llegados con un agradecimiento profundo.

El problema es que, por muy reconfortantes que sean estos refuerzos, resulta imposible calmar la sensación de soledad que se apodera de nosotros.

16

ROMEO Y JULIETA

El desgaste psicológico queda en un segundo plano mientras trabajamos, pero en cuanto nos detenemos las grietas revelan su profundidad. Los contactos familiares se han reducido al mínimo. Entre los turnos y el miedo al contagio, apenas veo a mis hijas. Me encierro en casa a intentar descansar, pero entonces vienen a la cabeza todas las imágenes del día. Rostros agonizantes, despedidas que quedan a medias. Repaso cada una de mis acciones de la jornada. ¿Hubiera sido mejor aumentar la dosis de inhibidores de la interleucina-6 ? Nunca lo sabré, pero no tiene sentido volver sobre cada paso cuando estás obligado a tomar cientos de decisiones por hora.

Algunos días llego a casa y tengo una pequeña gran alegría. Como el 20 de marzo, cuando salgo de otra guardia infinita y mis hijas me están esperando para celebrar con un día de retraso el día del padre. Me han hecho unos dibujos espectaculares que me llevo al hospital y cuelgo en el tablero frente a mi ordenador, donde tengo su colección entera.

Aunque sea de forma discontinua, yo al menos continúo viendo a mis hijas. Por el contrario, nada más comenzar el estado de alarma, mi pareja toma una decisión radical que he visto seguir a muchos otros compañeros, quizás más generosos que yo. Ella también trabaja en un hospital, en diálisis, y llega a la conclusión de que lo más seguro para su hijo Rubén es enviarlo a vivir con sus abuelos hasta que pase todo. Desde entonces, cada noche a la salida del hospital, se dirige a casa de sus exsuegros, donde Rubén está esperándola en el balcón. Se lanzan besos y él le cuenta cómo ha sido su día, si está contento o triste y que tiene ganas de verla. Para una persona tan emotiva y vitalista como Ruth, que disfruta como nadie del contacto humano y considera el momento presente su patrimonio más valioso, la situación es especialmente ingrata.

Me lo relata por videollamada y me estremezco al sentir su angustia.

—Lo de hacer un *Romeo y Julieta* es que es muy duro, Gabi. Daría lo que fuera por darle un beso —me explica emocionada.

A cambio de proteger a su hijo, Ruth acepta guardar su vida en el congelador. No la recuperará hasta que termine el estado de alarma. Cuando llega a casa se le derrumba encima, así que decide pedirle a su jefa más turnos de trabajo para regresar a casa rendida, solo con tiempo de dejarse caer en la cama. No quiere pensar en su soledad.

Así, poco a poco, hemos pasado de llevar trajes espaciales a sentirnos tan aislados como auténticos astronautas en órbita alrededor de lo que un día fueron nuestras existencias.

Encerrados en nuestros equipos de protección, hemos ido renunciando a los sentidos. El tacto es el primero que desaparece cuando sepultamos la piel bajo los guantes de látex. El olfato y el gusto se ahogan bajo la mascarilla. La vista se diluye tras las gafas. Solo a través de los oídos nos llegan estímulos del exterior, pero son poco más que ruido.

Hay un concepto que me gusta mucho y que acuñó el médico argentino Francisco Maglio. «Los enfermos mueren con hambre de piel», solía decir.

El coronavirus nos ha robado esa piel.

Hoy hemos vivido en la UCI un momento especialmente triste, o quizás especialmente bonito. A veces es difícil decidir qué sentimiento se impone.

Teníamos un paciente que estaba a punto de fallecer. Hemos llamado a su hija para que viniera a despedirse de él. Se trataba de una compañera enfermera que trabaja en un gran hospital público de Madrid. Ha llegado y le hemos explicado qué debía hacer. Se ha lavado las manos, se ha vestido con el equipo de protección individual y ha cruzado la línea de separación pintada en el suelo. Le ha dado la mano a su padre y, cuando su vida se ha apagado definitivamente, se ha vuelto hacia nosotros y nos ha dedicado un aplauso que nos ha encogido el pecho.

—En mi hospital jamás me hubieran permitido pasar este momento con mi padre —nos ha dicho con una gratitud indescriptible.

Luego se ha quitado el equipo, se ha lavado, ha llorado un poco y se ha ido.

La soledad parece una maldición imposible de romper en circunstancias como estas, pero no lo es. El virus puede ser altamente infeccioso, pero existen elementos para neutralizarlo, como los equipos de protección individual que usó esta hija para compartir un último momento con su padre. No podemos dejarnos arrastrar por el miedo. Sin embargo, decidirse a romper con esta condena a las muertes en soledad implica contar con los medios necesarios y, sobre todo, con protocolos y tiempo para guiar a esos familiares. Al igual que el acceso a máquinas capaces de salvarte la vida, el trato que una persona recibe en sus instantes de agonía no puede depender de la suerte que tenga ni de la filosofía del equipo médico con el que se tope.

De forma espontánea se ha descargado en los profesionales la responsabilidad se suplir las deficiencias de un sistema mal diseñado. Por ejemplo, estos días todo el mundo ha podido ver casos de pacientes a los que los sanitarios conectan con sus familiares mediante videollamadas. Las redes sociales se han llenado de mensajes de compañeros que, cada vez que iban a trabajar al hospital de campaña de Ifema en Madrid, ofrecían sus teléfonos para familiares que quisieran hablar con un enfermo. Es un gesto de gran humanidad en un momento como este, pero quizás algún día debamos reflexionar sobre el hecho de que esas iniciativas las estén promoviendo de forma espontánea los trabajadores y no las Administraciones.

17

LECCIONES DE UNA AMIGA

Hemos llegado a los mil quinientos muertos por coronavirus desde el principio de la epidemia. En los últimos días estamos en cuatrocientas muertes diarias. Cuatrocientas personas menos, cuatrocientas familias destrozadas. Las cifras producen pavor. No se adivina el techo.

Cuando la presencia de la muerte se hace asfixiante, pienso en Raquel.

A Raquel la acompañé en su despedida. Fue el 8 de febrero, hace muy poco tiempo, aunque ya de todo parezca que ha pasado una eternidad.

Resulta increíble pensar que no llegara a conocer el coronavirus. Me hubiera gustado saber qué se inventaba para sobrellevar el confinamiento de una forma que pareciera hasta algo positivo. Seguro que habría encontrado una manera de liarnos a todos en una de sus aventuras, porque Raquel Nieto tenía una energía arrolladora que lo impregnaba todo: sus proyectos, sus charlas y sus creaciones como escritora y actriz. Yo la conocí en 2015, pero ya había escuchado hablar de ella antes, a raíz de una de sus obras, titulada *Desde la habitación E008*, en referencia a la habitación en el hospital donde pasó 222 días, 99 de ellos en la UCI, por una fibrosis pulmonar idiopática y un doble trasplante de pulmón.

Decir que el tránsito de Raquel por la UCI no fue sencillo es quedarse corto, pero esa experiencia la convirtió en una firme defensora de la necesidad de convertir las UCI en un lugar menos hostil para los pacientes.

A causa de la medicación inmunosupresora que tomaba para aquellos pulmones que le trasplantaron con solo cuarenta y dos años, sus riñones también terminaron fallándole y requirió dos años de diálisis a la espera de un órgano compatible. La dependencia de la máquina la mortificaba, porque no era capaz de quedarse demasiado tiempo sentada en un mismo lugar. Lo que le alimentaba era bajar a la calle y visitar Cádiz, en donde dedicaba horas a pasear por la playa.

Finalmente surgió la oportunidad de ese trasplante renal que aguardaba con tanta impaciencia, a pesar de que tenía auténtico terror a la idea de regresar a la UCI. Por desgracia, el proceso no salió bien. Su cuerpo rechazó el riñón y tuvo muchas complicaciones. Un día, un amigo me avisó por teléfono de que se encontraba en reanimación y fui corriendo a verla. No puedo negar que me impresionó encontrarla tan desmejorada. Puede parecer una frase poco sincera viniendo de alguien que está acostumbrado a convivir con la enfermedad, pero sus efectos aún son capaces de sorprenderme cuando los veo en personas como Raquel, que parecen estar hechas de pura vida.

Después de esa visita hablé con sus hijos, Alba y Ángel, unos jóvenes increíbles que me pidieron que estuviera presente en el final. Raquel murió rodeada de su familia y amigos, y yo estoy contento de haber compartido el momento en que cerró sus ojos rasgados de china. Cuando todo hubo terminado, nos quedamos en silencio y no pude guardarme un comentario:

—Sabéis que si vuestra madre nos viese ahora, así de serios, se estaría riendo de nosotros —y nos despedimos con un abrazo.

Raquel entendía que morir no es un fracaso. Otro amigo, el experto en cuidados paliativos Enric Benito, siempre utiliza una cita de Borges para describir algo que parece evidente, pero que a muchos médicos les cuesta asimilar más que a sus pacientes: «Morirse es como la siesta, una costumbre que tiene la gente».

Mi experiencia me dice que hay cuatro elementos que determinan la calidad de una muerte. La buena muerte es, por lo general, aquella que llega sin síntomas, acompañado, en casa y habiendo cerrado todos tus asuntos pendientes.

Nuestro sistema sanitario no va por el momento en esa dirección. La muerte está medicalizada, la agonía se prolonga en exceso y a menudo se produce en soledad y sin control total de nuestras funciones cognitivas. Para cambiar eso, tenemos que hacerle entender al sistema que se está equivocando, y eso implica humanizar el proceso de morir.

Y para humanizar este hecho, lo primero es naturalizarlo: dejar de comportarnos como seres inmortales y darle a la muerte el lugar que le corresponde en nuestra existencia. Planeamos lo que haremos mañana, en nuestra boda o nuestro cumpleaños. Dedicamos horas a reflexionar sobre cómo será nuestra casa ideal y a qué colegio enviamos a nuestros hijos. Pero nos incomoda dedicarle un segundo a definir cómo queremos que sea nuestra muerte.

Si nos horroriza el dolor: reduzcámoslo. Si nos da pánico la soledad: impulsemos que haya compañía en los hospitales durante los momentos de agonía. Al fin y al cabo, eso son problemas fáciles de resolver. Lo único que no tiene solución es la propia muerte: hagamos lo que hagamos, vendrá a visitarnos.

Aceptar esto no es fácil para los médicos. Nos enseñan a preservar la vida y a luchar contra la muerte con todos nuestros esfuerzos y sin desmoralizarnos porque se trate de una partida de ajedrez perdida de antemano. Por eso a tantos profesionales les cuesta reconocer cuándo ha llegado el momento de rendir el rey, tenderle la mano al rival y reconocer que ha jugado fantásticamente.

La Casa de Dios, que nunca me cansaré de recomendar, presenta este conflicto por medio de dos personajes antagónicos. Uno es el cínico y sabio Gordo, que oficia de gran maestro del protagonista y le enseñará que, cuanto menos intrusista sea un médico en sus intervenciones, menos acabará dañando al paciente. Por oposición está Jo, una doctora fanática que no se detiene a la hora de utilizar las herramientas más crueles en su inútil lucha por desterrar a la muerte de la experiencia humana.

Aunque vaya contra mi imagen y mis intereses, los ciudadanos no deberíais olvidar una cosa: confiad en nosotros porque lo hacemos por vuestro bien, pero tened presente que en las UCI os torturamos. Estamos entrenados para profanar con un catéter cualquier orificio de vuestro cuerpo, y de hecho lo hacemos. Nuestro trabajo parece ideado por un sádico. En cuanto un paciente cae en nuestras manos, lo tumbamos en una cama en la que permanecerá inmovilizado días e incluso meses, le ponemos un catéter en la subclavia, una vía en la arteria radial, una sonda en la nariz y otra en las vías urinarias, le hacemos una traqueotomía, le introducimos un tubo por la garganta, si su pulmón revienta le ponemos otro en el pecho...

Los médicos tenemos un poder absoluto sobre los cuerpos de los pacientes, y por eso deben quedar claros cuáles son los límites que debemos respetar. Porque si la sociedad no los fija atendiendo a la experiencia de los pacientes y de las familias, la medicina tiene tendencia a situar la muerte como la última frontera para sus injerencias. Desde el punto de vista técnico, un éxito médico es mantener vivo al paciente a cualquier precio. Sin embargo, todos sabemos que ese no es el tipo de éxito que interesa a los pacientes o a las familias. Ellos quieren que la historia termine con un regreso del enfermo a una relativa normalidad, a una vida plena e independiente.

Esa tentación, la de hacer y hacer, sin detenernos a pensar si lo que hacemos está bien, es el tema principal del libro *Ante todo no hagas daño*, del neurocirujano Henry Marsh, quien plantea con ironía que lo más importante en medicina es saber elegir cuándo no debemos hacer nada más, porque esa es la clave para no rebasar la delgadísima línea que separa la ciencia de la tortura. Creo que todos convendréis conmigo en que son unas enseñanzas que deberían formar parte del currículo de cualquier profesional sanitario.

Mi posición en ese debate creo que queda clara. Yo defiendo la dignidad de dejar las cosas como están cuando no somos capaces de aportarle al paciente una solución satisfactoria. Los pacientes de los que he hablado en este libro son los primeros en defender esta solución. Lo hizo mi padre, y lo hizo Raquel. Es algo que he visto en la mayoría de las personas a las que les ha llegado el momento. Solemos ser los que estamos fuera quienes nos empeñamos en defender cosas que no entendemos, porque no las sentimos en nuestras carnes. Expertos son los que tienen la experiencia, y hay que escucharles.

Raquel no quería morir en una UCI porque las conocía demasiado bien. Ella era capaz de transmitir como nadie lo que se siente al despertar en una.

Imagina por un instante que no puedes moverte. Tu cuerpo yace inerte en una superficie dura. Acabas de sufrir un evento terrible, como un atropello, un infarto o una compleja cirugía, y no sabes dónde estás. Te encuentras en situación de *shock* y solo alcanzas a percibir que te duele todo.

En algunos momentos logras conectar con tu alrededor… pero enseguida la realidad se desvanece. Vuelves a cerrar los ojos y a sumirte en el silencio más absoluto, sin poder moverte. De repente, notas algo extraño en la garganta y quieres gritar… Pero no lo consigues. Estás desconectado de tus músculos. Descubres que una máquina respira por ti a través de un agujero en tu garganta. No tienes control de tus pulmones: la máquina los maneja; tú, no.

No puedes comer. No puedes comunicarte. Quieres saber qué ha ocurrido exactamente y cuánto tiempo llevas allí. Quieres saber quiénes son los que se mueven a tu alrededor, qué es lo que hacen y por qué no te dirigen la palabra, como si hubieras muerto.

Lo peor es que puedes oírlo todo. Hablan de ti como si no estuvieras delante, como si fueses un trozo de carne, usando palabras técnicas que desconoces y que no suenan muy bien. No hay nadie conocido a tu alrededor. Y cada vez que suena una alarma, piensas que es el final. Tienes mucho miedo. Un miedo que no puedes compartir.

Esa es la percepción que tienes de tu llegada a una UCI. Por oposición, lo que estamos viendo desde fuera los profesionales que te atendemos es que todo está perfectamente controlado, monitorizado y vigilado. Tienes a tu servicio los últimos conocimientos científicos y la última tecnología. No debes preocuparte porque te encuentras en buenas manos.

Pero no puedes saberlo. Gradualmente empiezas a adquirir consciencia de lo que ha sucedido, y reencontrarte contigo mismo es casi peor, porque lo que encuentras es solo una ruina de lo que eras hace nada. Incluso con el régimen reforzado de calorías y nutrientes que te suministramos en el hospital, en tres días ya has perdido el 20 % de tu musculatura, y esa cantidad irá disminuyendo con los días de inmovilidad. No te ves capaz de volver a caminar de nuevo. No te imaginas haciendo ninguna de las actividades que te hacían feliz. Tu pecho, que ya no realiza ningún trabajo para respirar, se hunde. Tu cuerpo está cambiando por completo: tiene otros contornos y una textura que ya no reconoces.

Por la noche intentas dormir y es imposible. Durante toda la noche hay movimientos a tu alrededor que no alcanzas a ver pero que te causan ansiedad. Te rodea un equipamiento que zumba, chirría, pita, suelta aire y lo expulsa como un fuelle. Cada poco tiempo una enfermera aparece junto a tu cama para comprobar si estás bien, e imagina la impresión si además lo hace con unas gafas de buzo y un equipo de protección individual. De repente alguien enciende unas luces, los neones chisporrotean. Te dan la vuelta para prevenir las úlceras, y te sientes víctima de un continuo zarandeo. A veces incluso te percatas de tu desnudez y sientes vergüenza. O escuchas los gritos de otros pacientes que están delirando y golpean a bestias imaginarias en el aire. O llantos de familiares. En cuanto amanece, un médico se planta junto a tu cama y te pregunta:

—¿Qué tal? ¿Ha pasado una buena noche?

Podría seguir durante horas planteando atrocidades similares. Sin embargo, sé que en mi boca no suenan con la autenticidad que tenían cuando las contaba Raquel, porque ella las vivió en primera persona. Yo puedo explicar cómo los sedantes rompen los ciclos circadianos, y cómo el insomnio y las drogas generan alucinaciones insoportables, pero era más interesante escuchar a Raquel contar que un día decidió aceptar como normal que por su pasillo pasearan señoras vestidas de época y señores con chistera y frac que la saludaban como a una vieja conocida. Ella lidió contra el delirio y aprendió a convivir con él para escapar a la locura, hasta el punto de que recordaba con cariño una visita de su padre muerto, un día que se sentó con ella a darle ánimos. Raquel llamaba ese momento su «tesoro»: un regalo que las drogas le dieron para poder continuar con su proceso de recuperación.

Tras su paso por la UCI, Raquel sufrió secuelas físicas, cognitivas y psíquicas, pero terminó sobreviviendo a todas. Sus experiencias ayudaron a muchas personas a reconciliarse con las suyas propias, y a mí me han servido para buscar soluciones que mejoren el tránsito por cuidados intensivos.

Hace seis años comenzamos desde Proyecto HU-CI una iniciativa que llamamos «los paseos que curan». Es tan sencilla que parece ridículo contarla; sin embargo, su efectividad es prodigiosa.

Consiste en tomar a un paciente de larga estancia, críticamente estable y que necesite recuperar fuerzas de una forma controlada, con fisioterapia y atención. Lo sentamos a una silla adaptada, con su monitor y su ventilador si es necesario, y un doctor, una enfermera y un celador lo bajan a la calle durante quince minutos, atravesando la puerta de urgencias del hospital. Le damos una vuelta, y nos paramos en una esquina con un jardincito en el que corre el aire y siempre da el sol. Luego entramos por la puerta principal del hospital y subimos de regreso hasta la UCI.

Hay muchos pacientes que ya habían tirado la toalla y que, desde el primer paseo, vuelven a conectarse con la vida. Sentir el aire en la cara puede recordarle a una persona que su verdadera existencia está fuera de los muros del hospital y que el paso por la UCI es solo una etapa de restablecimiento. Estoy seguro de que esta idea también te suena familiar tras la experiencia de confinamiento que acabamos de conocer por culpa del coronavirus.

Después de hacerlo una sola vez, al día siguiente el paciente ya está preguntando:

—¿A qué hora salimos hoy?

En la calle muchas veces les esperan familiares, e incluso algunos visitantes que no pueden entrar a la UCI, como son los perros. Es una inyección de buen humor para cualquiera encontrarse con su chucho meneando el rabo de felicidad al verlo llegar. Recuerdo que una paciente nos decía que su lista de visitas, por orden de preferencia, eran su perro, sus hijos y su marido. Bueno, pues gracias a los paseos que curan, podemos acercarnos un poco más a ese ideal, si es el que nos interesa.

Gracias a estos paseos conservo grandes fotos de pacientes en mi memoria. Por ejemplo, la de uno que un día de verano se cubrió la traqueotomía para decirme que daría cualquier cosa por un helado de fresa. Fue un deseo muy fácil de complacer y que a él le causó un gran placer. Compramos el helado en el quiosco del hospital y él se lo comió plácidamente al sol.

Cuando esos pacientes se recuperan a veces vuelven a visitarnos. No son todos, porque una parte importante prefiere no volver a poner un pie en la UCI mientras le sea posible. Después, existe un tipo intermedio que se apunta nuestro número de teléfono y nos envía felicitaciones por nuestro cumpleaños o Navidades. Pero mi tipo favorito es el que no duda en volver al escenario del crimen para darnos un abrazo y contarnos cómo le van las cosas.

Esas visitas a menudo empiezan por una pregunta:

—¿Te acuerdas de mí?

Y es una buena pregunta, porque muchas veces no soy capaz de reconocer a la persona que se planta ante mí, con diez kilos más, ropa de calle en lugar de desnudo y luciendo un peinado mucho más elegante que el que deja la almohada.

Raquel pasó por todas estas fases. Vivió, enfermó y murió. Todas las vivió con toda la intensidad que pudo. No creo que haya una lección mejor.

18

NO SOMOS HÉROES

Voy a la nevera, cojo una cerveza y salgo a las ocho a escuchar los aplausos.

Reconozco que este es mi momento favorito del día. La ceremonia de apoyo a los sanitarios me reconforta. La considero una demostración espontánea de solidaridad que quedará para siempre en nuestra memoria, y me gusta que todos los ciudadanos que están confinados en sus casas nos hayan incorporado a sus rutinas y nos sientan como parte de sus vidas en un instante tan atípico. Es un vínculo que creo que durará mucho tiempo y que espero que en el futuro defina la relación de nuestra sociedad con la sanidad.

Sin embargo, sé que a otros compañeros no les entusiasma, y entiendo muy bien sus argumentos. Los profesionales sanitarios no somos héroes. Somos trabajadores y queremos ejercer en unas buenas condiciones. Hemos elegido esta profesión de forma voluntaria. No quiero que nos idealicen porque somos vulnerables, porque nos equivocamos, y porque crear héroes con superpoderes nos impide centrarnos en mejorar lo que no ha funcionado durante esta epidemia.

Por si no fueran argumentos suficientes, cada día acumulo pruebas de que la insistencia en la fórmula de la heroicidad resulta contraproducente para la educación sanitaria de los ciudadanos. Cuando la familia de un paciente se encuentra ante nosotros, espera que le ofrezcamos una solución infalible e inmediata y, desgraciadamente, eso casi nunca sucede. La recuperación del SARS-CoV2 es un proceso largo y doloroso, y debemos estar preparados para asumir que no siempre se sale de esta enfermedad en buen estado. Además, si he de ser sincero, el ego de los médicos suele estar tan sobredimensionado que tampoco es buena idea insistirnos acerca de nuestras virtudes, porque hay muchos colegas que se lo terminarán creyendo.

Maurizio Cecconi, el presidente de la Sociedad Europea de Cuidados Intensivos, asegura que, si en esta crisis puede considerarse que alguien ha desarrollado un comportamiento heroico, son las familias. Las familias de los pacientes y las de los profesionales sanitarios. Creo que es un reconocimiento justo. Al fin y al cabo, nuestros hijos, padres y parejas ni siquiera eligieron que su vida fuera a quedar condicionada por la medicina, pero sufren por nosotros mientras estamos en el hospital y demuestran una paciencia infinita cuando regresamos a casa y les toca soportar nuestra rabia y nuestra tristeza.

Brindo por ellos y le doy un nuevo trago a la cerveza. Tengo un pequeño jardín y los vecinos nos saludamos de parcela a parcela. Es agradable recibir un poco de aire fresco a pesar del confinamiento. Mis amigos que viven en el centro de la ciudad ya no se ríen tanto de mí. ¡Algo bueno tenía que llevarme a cambio de los setenta kilómetros de carretera!

Bromeo, pero soy consciente de la suerte que tengo al poder pisar un poco de hierba fresca que me recuerde el mundo exterior. Pienso en Ruth, que lleva seis semanas sola en su casa. De ser la mujer de los mil planes ha pasado a recibir como una maldición la llegada de los días libres. Intenta matar las horas viendo series de televisión, pero siempre termina contando los minutos que faltan para que la libranza llegue a su fin y regresar al hospital, donde al menos siente que cumple un cometido y está acompañada.

Los casos en Granada han subido espectacularmente, hasta convertirse en la segunda provincia más afectada de Andalucía.

—Se ve que el virus al final ha encontrado la carretera para llegar —me dice.

Todos los días cuando sale de su turno graba un audio de cinco minutos y se lo manda a sus amigos, relatándoles cómo discurre la vida en su unidad, celebrando los pacientes que se mantienen fuertes, lamentándose por los que dejan de estarlo.

Pero hay muchas cosas que Ruth no cuenta. Al contrario que yo, que lo retransmito todo, sea bueno o malo, ella es una de esas personas alegres a las que no les gusta hablar de sus problemas: siente que su obligación es dar solo buenas noticias y transmitir bienestar. Ni siquiera sus vecinos, con los que tiene una excelente relación, saben lo difícil que está resultando para ella el confinamiento sin su hijo. Algunas noches, Ruth los ve tomando una cerveza asomados al patio que comparten, cada uno desde la puerta de su piso, pero ella no se atreve a salir porque teme que la presencia de una enfermera pueda incomodar a los más mayores. Así que, resignada, saluda, vuelve al televisor y se pone otro capítulo.

El aislamiento, el peligro, la monotonía… Por más que lo repitan en los medios de comunicación, los sanitarios tenemos mucho más de víctimas de las circunstancias que de héroes. Y, sobre todo, no queremos que utilicen nuestros sacrificios como un argumento contra nosotros. No es una posibilidad, porque durante los últimos días ya he visto a varios responsables políticos que, tras el eslogan de nuestra heroicidad, han comenzado a hablar de nosotros como si fuéramos criaturas sin derecho a enfermar, a pasar miedo o ansiedad, por no hablar de reclamar unas condiciones laborales dignas y conciliación familiar. ¿Para qué iban a querer Lobezno y Wonder Woman equipos de protección y un contrato fijo?

Hace unos días mi amigo Alberto García-Salido expresaba en Twitter una reflexión en esta misma línea y desató una interesante conversación entre sanitarios:

> Si digo que soy intensivista pediátrico pero que estos días he pensado mucho que ojalá hubiera sido otra cosa, ¿me quitan el carné de héroe? ¿Soy el único? Lo de llamarnos héroes «adorna» el marrón que nos estamos comiendo pero no llena las carencias de nuestra realidad.

Alberto planteó públicamente una reflexión que recorre todos los hospitales de España. Por eso, la adhesión que logró fue instantánea. Cientos de compañeros sumaron su testimonio, exponiendo los problemas de nuestro sector y demandando más apoyos materiales y una apuesta por la sanidad que se materialice en partidas presupuestarias y no solo en felicitaciones.

El debate atrajo la atención de la prensa, que reprodujo testimonios de enfermeras que confesaban que tenían tanto miedo de ir al hospital que no podían levantarse por la mañana, o de médicos que anunciaban que, en cuanto pasara el coronavirus, colgarían el fonendoscopio. En este intercambio catártico, muchos comenzaron a hablar de lo mal que se sentían arriesgando su salud mientras enlazaban contratos temporales o la aversión que habían desarrollado hacia sus espacios de trabajo.

Estas quejas no brotan del vacío. Antes del SARS-CoV2 hay infinidad de estudios que ya muestran que los sanitarios sufren un importante desgaste profesional. Por citar uno que ha alcanzado cierta relevancia mediática, el *Burnout and Suicide Report 2020*, realizado por el portal médico Medscape, recoge que, si pudieran rebobinar, el 50 % de los médicos estadounidenses elegirían otra carrera.

Me atrevería a decir que esa situación en España es peor tras los recortes que hemos vivido en el sector de la sanidad a partir de la crisis financiera de 2008. No olvidemos que médicos y enfermeras han pasado los diez últimos años manifestándose para denunciar la falta de personal, los bajos salarios y la precariedad de los contratos.

Puede parecer que aprovecho la ocasión para plantear una crítica corporativa, pero creo que estamos ante un verdadero problema de salud pública que puede estallar cuando se apaguen los rescoldos de esta crisis. Pocos sectores profesionales han sufrido una situación de estrés similar, y partiendo de unas condiciones tan malas. El Consejo General de Colegios Oficiales de Médicos presentó en 2019 un estudio que analiza las muertes de médicos entre los años 2005 y 2014. Produce escalofríos ver negro sobre blanco que el porcentaje de suicidios entre los médicos es del 1,3 %, frente al 0,8 % de la población en general. Más alarmante aún es centrarse en los datos de las mujeres: la cantidad de muertes voluntarias entre las doctoras representa el 45,8 % de las muertes por causas externas a la enfermedad, frente al 37,2 % de las mujeres de la población en general.

Los estudios apuntan a que la principal causa de infelicidad entre los sanitarios es estar en contacto con el dolor de los demás. Conocer hasta qué punto los seres humanos somos vulnerables es una fuente de profundos problemas existenciales. A esto hay que añadirle el estrés, el miedo a cometer errores y la presión que derivan de los recortes de personal y el consiguiente aumento de la carga de trabajo. La degradación de nuestras condiciones laborales tiene consecuencias, como demuestra el aumento del 30 % en el número de doctores que fueron atendidos por problemas psicológicos y de adicciones.[1]

Imagina cómo puede haber evolucionado esta situación tras el maremoto del SARS-CoV2. No tenemos preceden-

1. Datos correspondientes al periodo 2017-2018 tomando como referencia 2015-2016, también según la Organización Médica Colegial.

tes de una situación similar, y no quiero ni pensar cuáles pueden ser las consecuencias. Solo espero que la respuesta de las autoridades esta vez sea veloz, y los sanitarios recibamos todo el apoyo psicológico que precisamos.

A la espera de la vacuna contra el coronavirus, confío en que hayamos desarrollado cierta inmunidad contra el triunfalismo. Antes de esta crisis, políticos de uno y otro color repetían sin empacho que el sistema sanitario español es el mejor del mundo. Es positivo que la opinión pública haya aprendido que el sistema sanitario español no es el mejor del mundo ni en cuanto a medios ni en planificación, pero que sus profesionales están altísimamente preparados y tienen una voluntad de servicio admirable.

La crisis que ha terminado de arrasarnos estos días arrancó en 2008. Nuestro sistema lleva desde entonces sobreviviendo gracias al sacrificio de profesionales con sueldos que en muchas ocasiones apenas superan los mil euros mensuales.

Conozco a muchas enfermeras que se han marchado a trabajar a otros países de la Unión Europea donde disfrutan de unas condiciones laborales con las que no se atreverían a soñar en España. Conozco a infinidad de médicos jóvenes que llevan penando durante años por hospitales de todo el país sin conseguir un contrato fijo. ¡Ni siquiera el doctor Gómez-Pellico pudo anticipar una epopeya tan dura para los nuevos licenciados! La sanidad en España era ya un vaso a punto de rebosar antes de que llegara a mi UCI el primer paciente infectado.

Terminan los aplausos. Me despido de la brisa y vuelvo a entrar en casa.

19

TEST

El jefe de Anestesia, que está trabajando con nosotros en la UCI, llama por teléfono para anunciarnos que ha dado positivo en la prueba de PCR por exudado nasal. Había decidido someterse al test porque unos días antes empezó a perder el olfato. Ya puede confirmarnos que es positivo de coronavirus y estará fuera de juego como mínimo quince días.

Es lunes 23 de marzo. En el momento en que recibimos la noticia, todos los compañeros nos miramos y comprendemos que vamos a comenzar a caer uno tras otro. En nuestro despacho trabajamos juntos siete intensivistas. Si el virus ha entrado en nuestro círculo, hay pocas posibilidades de librarse.

Para darnos la razón, un rato después nos enteramos de que el marido de otra compañera también acaba de dar positivo en la prueba. Inmediatamente, ella baja a urgencias para que le hagan el test. El protocolo indica que el simple hecho de someterse al examen supone pasar veinticuatro horas confinado a la espera de los resultados, así que se marcha a casa.

Las noticias de la mañana nos están sentando fatal. El volumen de trabajo no nos permite detenernos, pero andamos todos cabizbajos. Para reconfortarnos un poco, comemos algo juntos en la sala mientras estamos seguros de que nos seguimos contagiando unos a otros, pero ya no tenemos energías ni para distanciarnos. Cuando digo que comemos algo, realmente quiero decir que nos atiborramos a chocolate o cualquier otra grasa transgénica cortesía de algún amable benefactor. Todo el mundo parece dispuesto a regalarnos comida estos días, pero curiosamente nadie nos trae una cesta de manzanas. Nuestra salita del café está atiborrada de pizzas y bizcochos recubiertos de *fondant* de tres centímetros de grosor. Si no nos mata el virus, moriremos de un fallo coronario por exceso de colesterol. No sé si es que las cadenas de comida insana tienen mala conciencia e intentan aliviarla cebándonos, o es que se les está caducando el género y consideran que los hospitales son el mejor lugar para darle salida.

Al día siguiente nuestra compañera llama con el resultado de la prueba. Positivo.

Dos compañeros más bajan a hacerse el test. Positivo.

En tres días, la mitad del equipo de la UCI está fuera de juego. En el hospital por esas fechas ya hablamos de más de un centenar de sanitarios enfermos, el 10 % del personal.

El simple hecho de que en la UCI estemos contagiándonos revela un fracaso del sistema sanitario. En los países de nuestro entorno la tasa de infecciones de intensivistas ha sido minoritaria respecto a otras especialidades. No porque seamos más listos, sino porque las UCI son unidades que se caracterizan por la planificación y los protocolos estrictos.

Nuestras condiciones de trabajo no tienen nada que ver con las de los sanitarios de atención primaria o de urgencias, donde el aluvión de ingresos obliga a la improvisación y a asumir mayores riesgos. Las infecciones entre profesionales dentro de una UCI son un indicador del nivel de estrés al que se está viendo sometido el sistema, y pensamos que el cambio de los protocolos en el uso de los equipos de protección individual ha tenido mucho que ver.

Pero más allá de porque el virus se esté extendiendo por nuestro equipo, sentimos un profundo malestar porque la política de test del Gobierno está demostrando ser una locura.

A nuestro primer paciente de SARS-CoV2, hace ya casi un mes, lo detectamos gracias a una prueba PCR. ¿Por qué no se extendió la realización de pruebas en ese primer momento si era lo que recomendaba la Organización Mundial de la Salud? ¿Por qué no copiamos en España la estrategia de Corea del Sur, basada en los test masivos? ¿Por qué, si íbamos más de una semana por detrás de Italia, no nos basamos en la experiencia de la región de Véneto, que también implementó test masivos y aisló las poblaciones afectadas?

Supongo que todas estas preguntas tendrán respuestas satisfactorias que ahora no soy capaz de ver porque estoy enterrado hasta el cuello en trabajo. Sinceramente, solo espero que la próxima vez que se repita una emergencia como esta, porque podemos estar seguros de que habrá más, sea con este virus o con otro, demostremos que hemos aprendido la lección y funcionen mejor los mecanismos de prevención y anticipación.

En este momento me cuesta racionalizar las cosas. Estoy enfadado. Nos sentimos frustrados. No quiero enfermar, y tampoco quiero ser un peligro para mis compañeros o mis hijas. Ahora entre nosotros no podemos evitar mirarnos con desconfianza. ¿Has tosido? ¿Serás un portador asintomático? ¿Puedes contagiarme? ¿Puedes contagiar a mi familia? Es complicado asumir que todos somos un peligro para todos. La rabia crece. ¿Por qué los protocolos no han establecido que el equipo entero debe pasar un test en situaciones como esta, de riesgo de contagio evidente? ¿No tendría sentido anticiparse, analizar a todos los profesionales sanitarios de nuestro entorno y confinar a los positivos antes de que sea demasiado tarde para el resto?

Podemos especular todo lo que queramos, pero el protocolo está claro: solo hay test para quienes tengan síntomas claros de infección. Sin embargo, ese sistema también encierra una trampa. Yo tengo tos, una tos fea, seca, pero sé que someterme a la prueba me deja en el dique seco durante las próximas veinticuatro horas. No puedo hacer eso si no estoy muy convencido de haberme infectado, porque no hay compañeros para cubrirme. Someterme a un test preventivo supondría sobrecargar a mis compañeros. Es una bonita estafa psicológica.

Entiendo que el mundo no es perfecto y que la situación es muy frustrante para todos. No me gusta quejarme cuando no sirve para solucionar el problema, pero tampoco soporto las mentiras. Por eso, me hierve la sangre cuando veo en la televisión a Fernando Simón declarando lo siguiente: «Cuando hay un profesional sanitario infectado, todos los que están a su alrededor son testados y se identifica a todos aquellos que den positivos».

Eso al menos quiere decir que no estoy errado en mis propuestas: si el Gobierno miente es porque sabe que lo está haciendo mal y que la política de test tenía que haber sido distinta. Si el día que descubrimos el primer positivo entre nuestros compañeros, todo el equipo hubiera pasado la PCR, podríamos haber evitado más contagios.

Los médicos sabemos que la confianza se pierde con una sola mentira, y esa pérdida es irrecuperable. A una familia no le puedes decir que las cosas van bien cuando sabes que el paciente va a empeorar, porque ya no volverán a confiar en ti nunca. Fernando Simón tendría que conocer esa regla mejor que nadie siendo médico. También debería saber que cuidar al cuidador es fundamental si no queremos que el sistema se desplome.

Mientras tanto, el padre de la amiga de mi hija me escribe informándome sobre Julio. Es cierto que lo tengo descuidado desde que no trabajo en la planta donde está ingresado. Los historiales de todos mis nuevos pacientes no me han dejado tiempo para ocuparme de él.

Las noticias que me transmite no son buenas. El estado de Julio ha empeorado mucho en las últimas horas. Acaban de avisar a su familia de que su caso puede no tener un final feliz y es mejor que se vayan preparando. Lo lamento, pero no puedo hacer mucho por ellos ahora mismo. Parece que ya nadie puede hacer nada por nadie.

20

POSITIVO

Hoy es miércoles 25 de marzo de 2020. Para cerrar este relato necesito regresar a la segunda peor guardia de mi vida.

Aquí estoy de nuevo. Setenta kilómetros de carretera. Cuando llego al hospital a las ocho de la mañana ya no quedan camas libres. Todos corremos como locos de un lado a otro. Ingresamos a tres pacientes a la vez. Abrimos una nueva sala de cuidados intensivos, la tercera. Los compañeros de otras especialidades se dedican a ayudarnos como pueden. Casi no llegamos. Los pacientes se asfixian. La sensación de desbordamiento es insoportable. Toso. Siento el virus incrustándose en mis pulmones. La mitad de mi unidad ya está infectada.

Lo único bueno que puedo decir es que en el altavoz de mi UCI suena *Beautiful Day*, de U2, pero qué irónica me parece hoy la voz de Bono: «Tócame. Llévame a ese otro lugar. Enséñame. Sé que no soy un caso desesperado».

¿En serio, Bono, te estás riendo de mí?

Mi tos cada vez parece más preocupante. En un momento de pausa escribo a Ruth y le adelanto que, en cuanto salga de la guardia, me voy a hacer la prueba. Estoy terriblemente cansado. Nerio, nuestro compañero de refuerzo venezolano, me dice que también él va a pasar el test.

Entonces recuerdo lo que me dijeron unos familiares el primer día en que me oyeron toser por teléfono:

—Pues ojalá des positivo y te puedas ir a casa a descansar un poco.

Sé que estaban deseando lo mejor para mí: una baja con los síntomas de un resfriado y unos días libres para recuperarme, quizás solo hasta que el ritmo de trabajo baje un poco o lleguen refuerzos. Pero ellos no han presenciado lo que yo veo todos los días. A los pacientes cada vez más jóvenes quedarse sin oxígeno. Afortunadamente, en ese momento yo tampoco sé que el hombre de poco más de cuarenta años que he ingresado hace un rato morirá al cabo de unos días.

Aunque parezca posible, la guardia va terminándose. Son las siete de la mañana. He conseguido unas sábanas para la cama del despacho. Me tumbo. Mi espalda necesita estirarse después de veintitrés horas pronando y supinando. Ya queda poco. Consigo descansar unos minutos. Amanece y la penumbra del hospital se aclara. «Un día menos», pienso.

Ahora toca darle el relevo a los compañeros que me reemplazan. Les cuento cómo ha ido el turno y en qué estado se encuentra cada paciente, prestándoles especial atención a los que he ingresado durante la noche. El lenguaje de la UCI se ha simplificado mucho. Ya no hablamos «del paciente de la sepsis, el paciente del infarto...»; ahora son todos «Covid uno, Covid dos, Covid tres...». Covid por todas partes.

Cuando termino, bajo a urgencias y doy mis datos en la ventanilla de admisión como si fuera un paciente más.

Solicito que me hagan el test. También me entregan un volante para que pase por rayos, pero el resultado de mi radiografía es normal. En los pulmones no hay ni rastro de las dos grandes nubes blancas que anuncian el infiltrado bilateral, la marca del zorro que le gusta dejar al coronavirus.

A continuación me siento en un sillón para que me hagan la prueba de reacción en cadena de la polimerasa, la PCR. La prueba requiere introducir por un orificio nasal un hisopo, un bastoncillo parecido al de los oídos, pero del tamaño de una brocheta. Es necesario empujar el hisopo nariz adentro hasta encontrar resistencia en el cartílago que hace de tope al final de la nariz. Suena horrible, pero además yo me he roto el tabique tres veces, así que dirigir el bastoncillo hasta el final de su camino resulta una experiencia extremadamente desagradable.

En definitiva, un regalo inolvidable para despedirme de la segunda peor guardia de mi vida. Son las diez y media de la mañana del jueves 26 de marzo.

Llego a casa. Sé que este es el momento más delicado, porque es cuando bajas la defensa. Mientras el sol brilla y los pájaros se hacen arrumacos en el jardín, el cansancio de la noche en vela y la montaña rusa de emociones presentan su factura. Piensas que no conseguirás dormirte. Los fantasmas, las dudas y una extraña sensación de derrota te visitan. Los echas. Vuelven, pero después de un breve pulso acabas deshaciéndote de ellos el tiempo suficiente como para tumbarte y cerrar los ojos.

Al levantarme al día siguiente no tengo ninguna llamada perdida. Las muestras de mi PCR ya deberían de estar en el laboratorio, pero me hago a la idea de que andan desbordados. Estos días hay tantos casos en Madrid que nadie da abasto. Efectivamente, el resultado se hace de rogar.

Un día entero dando vueltas por la casa.

Hasta que recibo el resultado.

Resulta que lo que me ocurría no era solamente que estuviera cansado. Resulta que también estoy enfermo.

Resulta que soy positivo.

21

AISLADO

Aunque puedas pensar que ya estás preparado para la noticia, el positivo nunca es un buen trago. Sé que no soy población de riesgo, y el resultado de mis radiografías es tranquilizador, pero no conviene confiarse, sobre todo teniendo en cuenta que más del 8 % de los sanitarios infectados por coronavirus requieren hospitalización.

Independientemente de que mi virus termine quedando en un simple susto, me siento abatido. En un instante he pasado de estar en el bando de los salvadores a ser un número más en la lista de afectados. La televisión anuncia que ya somos 72.248 casos positivos de coronavirus: un club bastante numeroso y que seguirá creciendo. De la misma manera que no quería ser héroe, ahora no me siento cómodo en el papel de víctima, postrado a la espera de descubrir qué quiere hacer conmigo el virus. Cualquiera que haya pasado una gripe confinado en casa sabe que, aunque no te estés jugando la vida, es una experiencia que preferirías ahorrarte.

Lo que más me duele es la perspectiva de pasar quince días aislado, en el mejor de los casos, porque hay gente que tarda cuarenta y cinco en dar negativo en el siguiente test. En todo ese tiempo no podré ver a mis hijas, y con ellas pierdo mi único vínculo con el mundo. No me siento preparado para tirarme dos semanas en el sofá mirando por la ventana.

—Aprovecha para descansar —me dice todo el mundo, como si fuera tan fácil.

Me acerco a la televisión y hago *zapping*. En todos los canales anuncian que hemos alcanzado los 5.690 muertos desde el inicio de la epidemia, 832 de ellos solo en las últimas veinticuatro horas. La muerte se ha convertido en un eterno *prime time*, y abarca todas las franjas de programación. No sé por medio de qué mecanismo psicológico tanto horror se asume como algo normal. Más de ochocientas personas han muerto en un día, y lo peor es que yo sé exactamente en qué circunstancias lo han hecho: la mayoría de ellas solas, sin nadie que les sujete la mano y rememore una última anécdota compartida, una historia que les sirva para recordar cuántas cosas han pasado juntos.

Dejo el mando a distancia. Cambio el sofá por mi silla frente al ordenador. Veo que las asociaciones de médicos y enfermeros lanzan un llamamiento conjunto pidiendo una distribución más equitativa de los sanitarios por toda España. Si se hubieran adherido a las llamadas de nuestra organización hace una semana, quizás la presión conjunta habría servido para evitar muchas muertes. A lo mejor no estaríamos hablando de 832 vidas menos en veinticuatro horas, o quizás sí. ¿Quién sabe? ¿Dónde estará el tope?

Me siento derrotado. El virus nos ha vencido. Sin el hospital y sin las niñas ni Ruth no sé cómo llenar las horas. Afortunadamente, siempre hay proyectos pendientes. Estamos inmersos en uno para que psicólogos expertos en soporte en crisis y desastres acudan a las UCI y empiecen a atender a los pacientes, las familias y los sanitarios. Será una intervención de dos meses para ayudarles a prevenir las secuelas que dejará esta crisis. Hemos conseguido financiación de varias empresas para que en sesenta unidades de cuidados intensivos del país haya al menos un psicólogo. La gestión es complicada. Hablo con políticos y preparo el papeleo para contratar a los psicólogos desde Proyecto HU-CI. La sociedad civil está deseosa de participar, pero es un trabajo agotador, dificultado por todo tipo de barreras burocráticas y tensiones entre Administraciones y organizaciones profesionales.

Paralelamente, atiendo a los periodistas que corren desesperados de un hospital a otro, de una asociación a otra, buscando testimonios sobre la epidemia. Doy decenas de entrevistas, especialmente a medios de América Latina, donde están sedientos de información sobre el virus. En los últimos tres años de mi vida he recorrido todos los países del continente impartiendo seminarios, y nunca podré agradecer todo lo que me han dado. Les insisto en que no deben cometer nuestros mismos errores, pero me temo lo peor y que su sistema sanitario depauperado no sea suficiente para frenar una masacre.

Hago esto porque creo que una de las obligaciones de los médicos es contribuir a la divulgación del pensamiento científico y mantener informada a la población para que tome medidas de protección proporcionadas a la situación. Ahora que he vuelto a reengancharme a muchos de los chats de los que me salí cuando estaba trabajando, me indigna encontrarme a cada momento con cadenas de bulos sobre la enfermedad. Uno de los lemas que he sacado de esta experiencia es: «Si no sumas, no restes». Por supuesto, es la máxima que se deberían aplicar muchos malos gestores, pero también todas aquellas personas que, cuando leen una información falsa sobre el coronavirus, le dan irreflexivamente al botón de compartir.

Por un momento pienso que la actividad frenética que estoy emprendiendo me puede sacar del pozo, pero me equivoco. El día 30 de marzo es uno de los más amargos que recuerdo. Mi hija Mara cumple seis años. Está a unos metros de mí, en casa de su madre, pero no puedo ni darle un abrazo. Ni siquiera salir a la calle y saludarla mientras se asoma al balcón, como hace Ruth con Rubén.

A las ocho de la mañana estoy de pie en la cocina, tomándome el café más triste del mundo, cuando mi hermana Mari me envía una noticia de un municipio donde la policía local felicita el cumpleaños a niños confinados. La propuesta en principio me parece que tiene muy poco que ver conmigo y que, precisamente un sanitario como yo, no puede acaparar un recurso público para un asunto privado. Sin embargo, tras desechar la idea, recuerdo que hay una comisaría justo al lado de la casa de mi exmujer, así que quizás las molestias que ocasione mi petición sean mínimas.

Me decido a intentarlo y le explico mi situación al agente que me atiende por teléfono. Tras unos momentos de sorpresa, se muestra encantado de hacerme el favor.

Así que esa misma mañana el agente 177 de la policía local de Collado Villalba se acerca a casa de Mara y Carla y enchufa el cumpleaños feliz en el megáfono de su coche.

—¡Mara, muchas felicidades de parte de tu padre, que te quiere mucho!

Las niñas no dan crédito, y me mandan un vídeo del coche llegando con las luces azules y el policía saludándoles con la mano. En cuanto el confinamiento termine, saldré de casa y me acercaré por la comisaría con una pata de jamón para agradecerles que mi hija al menos tenga un motivo feliz para no olvidar este cumpleaños.

Pequeños momentos como estos me hacen mantener la esperanza en nuestra capacidad para ayudarnos. No digo que me sienta culpable por quedarme en casa enfermo, pero sí que necesito sentir que, pese a mi aislamiento, sigo luchando contra la pandemia. Por eso cada día grabo un breve mensaje a las ocho menos cuarto que subo a redes sociales animando a la gente a salir a aplaudir, y también a quedarse en casa, contribuyendo a frenar la epidemia. Si no puedo cuidar a pacientes en el hospital, al menos intento contribuir a que menos personas lleguen enfermas a mi UCI.

Entre vídeos, entrevistas y lágrimas furtivas comienzan a llegar las noticias positivas, como que a mi UCI se han incorporado más sanitarios, o que hemos cambiado las guardias de veinticuatro horas por las de doce, más acordes con el sobresfuerzo que estamos haciendo. También que el 31 de marzo Madrid abre un hospital de campaña en Ifema, el recinto ferial de Madrid. No es tan espectacular como el que construyeron en Wuhan en una semana, pero permite ampliar el número de camas de UCI, pasando de las 640 que tenía toda la Comunidad a un total de 1.700.

En la profesión se asienta la impresión de que el pico ha quedado atrás. El ritmo de trabajo en los hospitales continúa siendo frenético, pero las sensaciones van cambiando.

Sin embargo, la mejor noticia que podía recibir es que Julio ha reaccionado bien a una nueva medicación. Y sorpresa, sorpresa, se trata de... ¡los corticoides! Efectivamente, en cuanto le han aplicado el tratamiento ha comenzado a remontar. Quién sabe si esa será la clave o no. Felicito a su familia y cruzo los dedos por encontrarlo despierto a mi regreso al hospital.

Comienzo a ver la salida de mi cueva. Tanto es así, que ya tengo nueva cita para meterme por la nariz la brocheta de la PCR.

Cuando he hablado de las pruebas he comentado fugazmente que me rompí la nariz tres veces. Me da cierto reparo contar cómo fue, pero creo que ya hay confianza suficiente entre nosotros para no dejar cabos sueltos.

La historia de la primera rotura es muy decepcionante: era demasiado pequeño y no la recuerdo. Fin del caso. La segunda sucedió mientras estaba con unos amigos en una piragua en el Alto Tajo. Me dedicaba a molestar a la canoa de al lado salpicando con el remo (sí, la canoa en la que iban las chicas, era fácil de acertar) y no apunté demasiado bien. El remo fue a la cara y la nariz lo detuvo.

La tercera vez fue en un campeonato de pádel con compañeros del hospital de Vallecas. Mi pareja en el torneo, Fernando, un auxiliar increíblemente divertido, tenía un lema muy sencillo que yo hubiera hecho bien en seguir a rajatabla:

—Lo importante no es ganar o perder, sino no lesionarnos.

Para mi desgracia, en una bola larga dudé sobre si lo mejor era rematar o dejarla que botara contra la pared y, cuando finalmente me decidí a sacarla de pared, lo que hice fue clavarme la pala en el caballete con todas mis fuerzas. La pista que era azul quedó roja, y todo el polideportivo empezó a gritar:

—¡Un médico, un médico!

Como si todos los presentes allí fuéramos vendedores de seguros.

Sangrando por la nariz, mis compañeros me llevaron al botiquín del polideportivo, donde el pobre chico encargado de los primeros auxilios me miraba horrorizado, así que le pedí una bolsa de hielo y un espejo para hacerme yo una primera corrección antes de ponerme dos enormes tapones de algodón y conducir hasta urgencias porque, evidentemente, ese día todos los otorrinos estaban librando y ninguno podía atenderme

Gracias a esa combinación de masoquismo e intervenciones caseras, el interior de mi nariz es similar a un laberinto, y no hay hisopo capaz de encontrar su camino hasta el cartílago donde deberían esconderse los restos de ADN del amigo coronavirus.

A pesar de eso, en el hospital demuestran gran pericia y entre lágrimas y maldiciones a la profesión de matasanos consiguen extraerme la gloriosa muestra que, veinticuatro horas después, probará que estoy limpio.

Por una vez el dolor tiene premio. Soy negativo, y en cuanto tengo los resultados del test, salgo a buscar a mis hijas. Dentro de dos días debo regresar al hospital, pero este fin de semana son mías. Todas mías.

Epílogo

LA FLOR DE LA CANELA

El lunes 13 de abril, Lunes de Pascua, regreso a mi UCI en turno de mañana. No recordaba que una de las escasísimas cosas buenas del coronavirus es que se han acabado los atascos y hasta el cielo de Madrid parece limpio.

Estoy pletórico por abandonar el aislamiento a tiempo de jugar la segunda parte del partido, que parece que tendrá prórroga. Quiero volver a sentirme útil, encontrarme con la gente y contar lo espantosas que han sido las últimas dos semanas, aunque me temo que mi drama personal se parece demasiado al de miles, millones de ciudadanos para los que el confinamiento resulta un viaje lúgubre a la soledad.

Entro como un brazo de mar en la UCI y descubro que, oh sorpresa, el cuartito del café está lleno de conejos de Pascua de chocolate que nos han obsequiado quinientas firmas reposteras. Los conejos nos miran con ojos de maníacos, alineados sobre las mesas frotando sus patitas. Aun así, tienen mucha mejor pinta que mis compañeros, a los que encuentro completamente agotados. Mientras yo regreso del balneario, ellos llevan a sus espaldas un mes y medio de epidemia, y en los últimos días mermados por las bajas.

En el lado positivo, en este tiempo se ha potenciado mucho el equipo. Estamos recibiendo el apoyo de un grupo de anestesistas, otorrinos, un intensivista pediátrico y enfermeras de otras áreas que se han integrado muy bien en nuestra dinámica de trabajo y, aunque aún haya rutinas que no dominan, suplen todo con buena voluntad.

El ritmo sigue siendo duro, pero resulta más aceptable que en las últimas semanas de marzo. Eso quiere decir que, en lugar de trabajar al 200 %, estamos haciéndolo al 180 %. Para recuperar viejas sensaciones, en este primer turno ingreso a dos pacientes y aceptamos un traslado desde otro hospital de Madrid. Es una gran noticia que ya no seamos emisores netos de pacientes sino que, a veces, se nos queda libre una cama que sirve para descargar a otros centros.

Como la felicidad no puede ser completa, lo que siguen faltando son materiales, porque el mercado internacional continúa colapsado. Los protocolos de Sanidad cada vez son más laxos, y las costureras del hospital han empezado a confeccionarnos complementos para los equipos de protección individual a partir de fundas impermeables de colchones. Por supuesto, estas fundas no dejan transpirar ni una gota de humedad, así que cuando nos las ponemos nos sentimos como niños que se han hecho pis en la cama.

A medida que transcurren los días, algunos pacientes van mejorando y los podemos despertar. Después de asistir a mis dos primeras extubaciones, al fin puedo confirmar que la sensación es de euforia, tanto entre los sanitarios que aplaudimos hasta rompernos las manos, como entre los pacientes que miran con esperanza a los que se van liberando del bozal de los ventiladores.

El 14 de abril por fin regreso a la planta de la UCI original y retomo el contacto con Julio. Lo encuentro ya en respiración espontánea, sin ventilador, pero tan delgado que nadie se creería que hace dos meses pesaba cien kilos. Dos días antes, el Domingo de Resurrección, ha dado negativo en las pruebas PCR, así que por fin su familia puede entrar en la habitación y verlo sin un cristal de por medio. Le queda solo un paso para quitarse la cánula de traqueostomía. Antes de ello, deberá recuperar las fuerzas para escupir las flemas, hacer ejercicios de rehabilitación y vencer la desorientación causada por semanas de medicación sedante y analgésica potentísima.

Yolanda y sus hijos están encantados. Después de los malos momentos que han pasado, en los que temieron no volver a ver a Julio con vida, se sienten como si hubieran ganado la lotería.

Diez días después, Julio pasa por fin a planta. Han sido 57 días en la UCI, probablemente uno de los ingresos por coronavirus más prolongados de toda España. En el momento en que la silla de ruedas sale de la habitación empujada por una enfermera, formamos un pasillo y le dedicamos un aplauso interminable. Más de veinte médicos, celadores, enfermeras, auxiliares y limpiadoras, junto a toda su familia, queremos demostrarle nuestro cariño mientras él nos mira abrumado, en camisón y con sus pantuflas de cuadros.

A Julio le queda todavía un largo camino por delante. Debe recuperar el control sobre su cuerpo después de haber despertado en un mundo completamente distinto tras dos meses de ausencia. Parece mentira, pero cuando fue sedado, el 27 de febrero, en España aún vivíamos en un país sano, no se había decretado el estado de alarma y nadie hacía cuarentena. Por esa razón, cuando se cruza con las noticias en televisión, Julio aún señala la pantalla, buscando las palabras para explicarnos que no da crédito a lo que está viendo.

Espero que dentro de muy poco él también venga a visitarnos, como esos pacientes con los que establecemos una relación especial por medio de los paseos que curan y que meses o años después de su salida de la UCI, un día descubren que han encontrado las energías suficientes para regresar al sitio donde tanto sufrieron y reírse de los malos recuerdos.

Este tipo de momentos me aportan una inyección de optimismo. Sin embargo, mentiría si no reconozco que hay muchos detalles que también me hacen recelar de lo que puede esperarnos cuando la vida corriente vuelva a imponerse y olvidemos todos los sacrificios, los muertos y la soledad que hemos acumulado a lo largo de estas semanas.

Especialmente, me genera desasosiego pensar qué puede ocurrir con nuestra sanidad y sus profesionales en un mundo en donde los vecinos organizan piquetes contra los médicos y las enfermeras que viven en sus mismos edificios. En la comunidad sanitaria hemos aprendido que la mayor parte de la población aprecia nuestra labor, como mi amiga Vanesa o tantos otros vecinos que me ofrecen su ayuda para hacer la compra porque saben que vivo desbordado. Sin embargo, también hemos constatado que en el mundo existe gente que puede salir a aplaudirte cada noche, mientras por la mañana, cuando te marchas al hospital, cuelgan carteles en el ascensor pidiendo que te mudes para no contagiarles.

No nos damos cuenta de lo delicado del momento al que nos enfrentamos. Si no hacemos un esfuerzo, después de esta crisis me temo que nos encontraremos con un importante descenso en la cantidad de sanitarios. La lista de compañeros que reconoce haber llegado al límite de sus fuerzas es interminable, y muchos otros lo pasarán mal cuando baje la adrenalina y reflexionen sobre las experiencias de los últimos meses, todo lo que han dado y lo que han recibido a cambio.

Demostraremos que no hemos aprendido nada si, tras una crisis como esta, no revisamos los puntos débiles de nuestro sistema y nos esforzamos en arreglar lo que no funciona. Necesitamos reforzar nuestra sanidad, dotándola de una organización más eficaz y mejores recursos, pero también volver a motivar a los profesionales de la salud, personas vocacionales que corremos el riesgo de perder la ilusión porque la medicina y la enfermería que tenemos no es la que habíamos soñado.

No hay que irse muy lejos para comprender a qué me refiero. Pensemos, por ejemplo, en los profesionales que a lo largo de las últimas semanas han dejado sus casas, se han desplazado a otras comunidades autónomas por sueldos de novecientos euros y que, en cuanto ha remitido el impacto del virus, han visto cómo se extinguían sus contratos. No es un gesto muy esperanzador.

Supongo que una de las razones de mi melancolía es que el otro día Ruth nos anunció a sus seguidores que aquel sería el último parte radiofónico que grabaría a la salida de su turno. Conmigo, por supuesto, continuará compartiendo sus historias, tristes y alegres, pero me apena que ya no le queden fuerzas para hacerlas públicas. Tras un mes luchando contra la saturación del servicio y enfrentándose a dramas que no puede hacer más llevaderos mediante una caricia o una sonrisa, la carga se ha vuelto demasiado pesada.

Sé que cuando esto termine, Ruth volverá a ser la misma de siempre, pero también soy consciente de que esta experiencia nos ha llevado a todos un paso más cerca del desencanto.

A pesar de todo, elijo ver el vaso medio lleno. Cuando he relatado mi crisis personal dije que gracias a ella descubrí que a veces necesitas partirte por la mitad para encontrar una solución a los problemas. Quiero pensar que eso es lo que sucederá ahora que el SARS-CoV2 ha dejado al descubierto las carencias de nuestro sistema sanitario: escasez de medios, malas condiciones laborales, falta de humanidad... Ahora que nuestra sanidad debe salir de la UCI, se presenta una excelente oportunidad para repensar sus cimientos. Como primera medida, es urgente que reciba los recursos necesarios para contener un posible reflujo del coronavirus y de otras amenazas que están por llegar, ya sean futuras pandemias o los efectos que el cambio climático tendrá sobre la salud de la población. Necesitamos redimensionar nuestras capacidades técnicas y reescribir la filosofía con la que abordamos los cuidados.

El debate sobre el futuro de la sanidad debe comenzar al día siguiente de que esta pesadilla haya terminado, y al menos me reconforta pensar que ya hay muchas personas válidas y organizaciones que han preparado sus propuestas, como Proyecto HU-CI, en donde llevamos seis años de ventaja en la reflexión. Se avecinan momentos difíciles, de crisis económica y de estrecheces, pero también serán tiempos de reconstrucción, de poner nuestra imaginación al servicio de grandes proyectos y pensar cómo debemos pasar del egoísmo al altruismo.

Mientras tanto, los que nos quedamos a pie de cama no nos rendiremos.

Esta mañana hemos recibido un mensaje en el teléfono que tenemos en la UCI para que los familiares se comuniquen con los pacientes.

—¿Os importa ponerle a mi padre esta canción? —pregunta un hijo—. Es su favorita. Sé que está en coma, pero seguro que la escucha.

El mensaje incluye un enlace a una versión de *La flor de la canela* interpretada por María Dolores Pradera y Joaquín Sabina. La he conectado a los altavoces y la UCI se ha detenido.

Quizás la música le haya llegado hasta el paciente en coma, o quizás no. Lo que sí puedo asegurar es que la ha oído el resto de los pacientes, a los que se nota emocionados con la cadencia dulce del vals; y la hemos oído todos los médicos que, mediante instantes como este, donde fugazmente el arte se une a la medicina, podemos renovar algo que es tan importante como el juramento hipocrático: el compromiso con lo humano.

El hijo me ha agradecido mi labor de mensajero, pero debería de ser yo quien lo hiciera. Gracias a esa pequeña misión, por encima de un técnico que se dedica a reparar cuerpos, me he sentido una persona que ayuda a otra persona, y esa me parece la mejor definición de lo que debe ser un sanitario.

Estoy convencido de que dentro de poco regresarán los abrazos a las UCI de toda España. Yo solo puedo asegurar que en mi hospital me ocuparé de que nunca deje de sonar música, de que nadie muera sin su familia y de que siempre haya paseos que curan. Esa es la forma en la que entiendo la medicina. Es mi forma de estar en la Tierra y nada ni nadie, ni siquiera un virus, me la puede robar.

AGRADECIMIENTOS

Hay que tener dentro mucho caos para engendrar una estrella, y en ese proceso me acompaña mucha gente. Algunos desde otra dirección, como Paco o Raquel, y otros en el día a día como mi mamá, Carmen, mis tres hermanos, los amigos de siempre y mi otra familia: los miembros de Proyecto HU-CI. Gracias por ayudarme a que mi realidad sean mis sueños.

También gratitud eterna a Pablo Linde, que me cruzó con Oriol Alcorta mientras buscaba una buena historia, y eligió la mía. Y a Jero Andreu por su apoyo, su paciencia y sus sardinas.

Al señor Sistema, por ser el mejor maestro.

Y, por último, a todos los que día tras día hacen su parte. La sanidad que merecemos la construimos entre todos: pacientes, familias y profesionales.